AF341114

D'Algésiras

au Maroc d'aujourd'hui

GÉNÉRAL G. BECKER

DOCTEUR EN DROIT, SCIENCES POLITIQUES ET ÉCONOMIQUES

D'Algésiras
au Maroc d'aujourd'hui

Évolution politique, économique, sociale

AVEC 3 CARTES EN COULEURS HORS TEXTE

PARIS

ÉDITIONS BERGER-LEVRAULT

5, Rue Auguste-Comte (VIᵉ)

1930

TABLE DES MATIÈRES

D'Algésiras

au Maroc d'aujourd'hui

PRÉFACE

A l'aube du xxᵉ siècle la Paix française au Maroc est devenue une nécessité mondiale.

La Paix.

Parce qu'il y a là, au seuil même de l'Europe, un foyer d'anarchie. Foyer qu'attise le fanatisme barbare de quelques tribus sauvages. Ce foyer : Civilisation et Humanité exigent qu'il soit enfin éteint.

Parce qu'il y a là, au carrefour de l'Ancien Continent et du Nouveau Continent (1), un paradis perdu. Paradis qui regorge de richesses naturelles (2) inexploitées. Ce paradis : Science, Expansion économique, Interdépendance mondiale exigent qu'il soit enfin ouvert aux entreprises des Peuples.

La Paix française.

Parce que la France est une grande puissance musulmane. Son épopée dans le Nord de l'Afrique l'a parée d'un prestige incomparable.

Parce que la France est au contact immédiat du Maroc. Ses douze cents kilomètres de frontière algéro-marocaine ont créé un échange incessant : d'hommes; de produits; d'idées.

Parce que la France dispose à pied d'œuvre : des moyens

---

(1) De la côte occidentale du Maroc à New-York, Caracas, Para, Rio de Janeiro : distance moindre que du Havre à New-York.

(2) « La Terre est un paon. Le Maroc en est la queue », dit un vieux proverbe arabe.

d'action nécessaires. C'est la force armée. C'est une pléiade d'ingénieurs, de colons, d'artisans : entraînés; acclimatés; pleinement qualifiés (1).

*
* *

Une telle nécessité mondiale : les Puissances méditerranéennes l'admettent.

Elles la reconnaissent officiellement : accords franco-italien, franco-anglais, franco-espagnol (2).

Fort de ces ententes, notre Ministre des Affaires Étrangères (3) définit du haut de la tribune (4) le programme de pénétration française :

« Il s'agit maintenant de convaincre le Maroc, par des
« actes plus que par des discours, que, de même que la
« puissance, nous avons la volonté immuable d'accomplir
« notre tâche. Que cette tâche consiste : dans notre propre
« intérêt à servir son intérêt; pour notre propre tranquil-
« lité, à l'aider à établir chez lui la sécurité et le bon ordre;
« pour notre propre prospérité à lui fournir le moyen de
« tirer parti des ressources dont il abonde. De sorte que :
« continuant à vivre sa propre vie, ayant gardé ses cou-
« tumes, ses lois, ses chefs, sous le sultan dont l'autorité
« se sera fortifiée et étendue, il ne connaisse notre puis-
« sance qu'aux bienfaits qui l'auront accompagnée. »

Le 5 janvier 1905, le Ministre de France à Tanger (5) se met en route sur Fez.

---

(1) *La Conférence d'Algésiras*, par le même auteur. Berger-Levrault, Paris-Nancy, 1906 (IIe partie, chapitre II, page 78).
(2) Ouvrage précité du même auteur (Ire Partie. Chapitre II, pages 12 et suivantes).
(3) M. Delcassé.
(4) Séance de la Chambre des Députés du 10 novembre 1904.
(5) M. Saint-René Taillandier.

Il **va** présenter au sultan le plan des réformes indispensables. Notamment : Banque d'État; police.

Fait capital : nous obtenons assez rapidement l'acquiescement à une police française à Fez.

Fez est l'âme du Maroc.

La grande cité s'est élevée au carrefour des caravanes : entre Rif, Atlas, Sahara; entre Oranie, Gharb, Chaouïa (1). Au tombeau des Mérennides qui la domine, à la mosquée de Moulay Idriss qui en marque le cœur, se rencontrent les émissaires : de toutes confréries islamiques; de toutes tribus chérifiennes.

Là, s'échangent en même temps que les produits : nouvelles et mots d'ordre.

Qui veut *policer* le Maroc doit d'abord *policer* Fez.

**
* **

Mais l'Allemagne s'est cabrée.

Elle renverse tout.

Poussé par sa mégalomanie mondiale (2) et coloniale (3), mécontent d'avoir été tenu à l'écart de la négociation franco-méditerranéenne (4), l'Empereur (5) débarque à Tanger le 31 mars 1905.

A l'Oncle du sultan qui le reçoit, il déclare faire visite : au *souverain indépendant* d'un *Maroc libre*. Devant le corps diplomatique venu le saluer, il proclame sa volonté : de *s'entendre directement avec le sultan* pour la *sauvegarde des*

----

(1) Voir Carte n° 1.

(2) Toast du 3 juillet 1903 porté par l'Empereur au prince Ruprecht de Bavière : « L'Océan est indispensable à la grandeur de l'Allemagne. Sur lui, au loin, au delà de lui, sans l'Allemagne et sans son Empreeur, aucune grande question ne peut être tranchée. »

(3) Vœux de la *Société marocaine de Berlin*, de la *Ligue navale allemande :* un port sur la côte occidentale du Maroc.

(4) Ouvrage précité du même auteur (Ire partie. Chapitre III. Page 36).

(5) Guillaume II.

intérêts allemands. Puis il prodigue à ce sultan : ses conseils d'*extrême prudence* pour les *réformes qu'il a l'intention de faire.*

De telles paroles portent leurs fruits.

Le sultan demande la réunion d'une conférence internationale.

M. Delcassé démissionne. M. Rouvier lui succède.

Accords franco-allemands : sur le principe de la conférence; sur le programme des questions à y débattre (1).

La conférence se réunit à Algésiras le 15 janvier 1906.

Sont représentées : toutes les Puissances signataires de la Convention de Madrid (2).

Soit : Allemagne; Autriche; Belgique; Espagne; États-Unis; France; Grande-Bretagne; Italie; Maroc; Pays-Bas; Portugal; Suède et Norvège.

Les négociateurs allemands prétendent : internationaliser le Maroc; y mettre la France sur le même pied que les Pays-Bas ou le Portugal.

Sur la question de principe : ils échouent.
La pénétration française reste admise.

Sur les deux projets fondamentaux : ils échouent.
Pour la Banque d'État. Car ils ne parviennent pas à en faire : un organisme d'administration et de gouvernement. Pas d'immixtion : dans la perception des taxes; dans le contrôle des dépenses. Pas de monopole pour les emprunts : droit de préférence seulement, et à égalité d'offre. Bref : un simple rôle de trésorerie générale.

---

(1) Ouvrage précité du même auteur (Ire Partie. Chapitre III. Pages 45 et suivantes).

(2) Sur le droit capitulaire de protection. Voir ouvrage précité du même auteur (Ire Partie. Chapitre I. Page 7).

Pour la police. Car ils ne parviennent pas à établir : le mandat réparti entre toutes les Puissances. Française à Rabat Safi Mogador Mazagan, espagnole à Tetouan Larache, mixte à Tanger Casablanca, la police sera inspectée : par un officier supérieur de l'armée suisse.

*
* *

Lors de la réunion de la conférence d'Algésiras, l'auteur écrivait (1) :

« Que d'un coup de baguette magique une fée bienfai-
« sante réalise la pénétration pacifique.....

« L'armée est réorganisée; les finances sont restaurées; l'impôt est perçu régulièrement et sans violences.

« Le calme renaît dans le pays.

« Les habitants peuvent en toute sécurité se livrer aux
« travaux des champs. Des procédés de culture moins rudi-
« mentaires leur sont inculqués. L'irrigation vient fertiliser les régions les moins favorisées.

« Les cours d'eau deviennent navigables. Des ponts sont
« construits. Des routes, puis des voies ferrées sont créées.
« Les ports de commerce sont débarrassés du sable qui les
« obstrue, munis de quais et de jetées.

« Les communications postales sont rendues plus rapides
« et un réseau télégraphique est établi.

« Enfin l'exploitation des richesses minières est entre-
« prise.....

« Quelle merveilleuse expansion économique, dès lors au
« Maroc ! »

Le coup de baguette magique a été donné par la France.

Comment?

____

(1) Ouvrage précité (IIe Partie. Chapitre I. Page 64).

ÉVOLUTION POLITIQUE

UN PROTECTORAT AFFRANCHI

La France n'arrive au *protectorat affranchi :* qu'après quatorze années de lutte et de sacrifices.

Son action s'exerce sous trois régimes intermédiaires successifs.

De 1906 à 1908 : la pénétration; mais une *pénétration jugulée.*

De 1909 à 1911 : la pénétration, non plus jugulée; mais *hypothéquée.*

De fin 1911 à 1919 : le protectorat; mais un *protectorat grevé de servitudes.*

A partir de 1920 : c'est le régime actuel qui joue.

La pénétration jugulée.

Au lendemain d'Algésiras, notre action se trouve jugulée.

Parce que d'abord : une Allemagne hostile s'est installée partout.

A la Banque d'État. Elle y a : un Administrateur, porteur d'une part d'actions; comme toutes les Puissances signataires de l'Acte. En plus : un Censeur, délégué par sa Banque d'Empire; comme la France, l'Angleterre, l'Espagne.

Aux quatre Comités internationaux : valeurs douanières; douanes; adjudications; travaux publics. Là : ses contrôleurs, experts financiers, ingénieurs, brasseurs d'affaires exercent leur action par voie diplomatique. Dressés : contre tout projet français. Prêts : à réclamer la part léonine, s'il y a participation internationale.

Ailleurs encore. Car le Ministre d'Allemagne à Tanger — il se rend fréquemment en mission à Fez — exerce pression sur les conseils chérifiens : contre nos propositions.

C'est : la mort de toute réforme; la paralysie de toute entreprise d'intérêt public.

Parce que ensuite : les moyens d'action qui nous ont été concédés sont insuffisants.

Que peut une police organisée seulement dans les huit ports ouverts? Rien n'est prévu pour Fez.

Que peut cette police limitée : à 2.500 musulmans, commandés par des caïds marocains, encadrés par une cinquantaine d'officiers et sous-officiers français ou espagnols? Même : inspectée par un officier supérieur des milices helvétiques!.....

Elle ne peut rien.

C'est : l'anarchie persistante.

Les événements?
Ils sont impératifs.

Nous ne pouvons pas laisser massacrer les vies humaines que notre mandat de police nous a confiées.

Devant l'émeute : nos marins et nos soldats interviennent.

Démonstration navale de Tanger : Décembre 1906.

Occupation d'Oudjda : Avril 1907.

Mainmise sur Casablanca : Juillet 1907.

Conquête de la Chaouïa : 1907-1908.

La pénétration hypothéquée.

Les Allemands sont édifiés.

Pour eux, la démonstration est désormais faite : jamais ils ne pourront empêcher notre action militaire au Maroc.

Alors : mieux vaut s'en accommoder et en tirer parti.

Tel est l'objet de l'accord qu'ils signent avec nous le 8 février 1909 : la liberté politique nous est accordée; une association économique franco-allemande — c'est l'hypothèque — nous est imposée.

L'association économique ne peut rien donner.

Raison de droit. L'accord ne se trouve pas en harmonie avec l'Acte d'Algésiras. Dans cet instrument diplomatique : la collaboration de deux Nations n'a nullement été envisagée. Bien au contraire, un véritable dogme y est expressément formulé : l'égalité absolue entre toutes les Nations. — Que la coopération lèse une tierce Puissance : celle-ci sera fondée à se plaindre et à réclamer sa part.

Raison de fait. Toute entreprise réellement importante mettra en jeu l'intérêt public. L'association tendra alors vers un certain condominium politique. Ce condominium : jamais la France ne pourra l'admettre. Avec : qui que ce soit. Surtout : avec l'Allemagne.

L'échec de l'association économique comporte un danger.

Les Allemands nous ont reconnu la liberté politique. Sous une restriction : que nous respections l'intégrité et l'indépendance de l'Empire chérifien. Avec une omission : pas un mot n'a été dit sur l'emploi éventuel de notre force armée, pour le maintien de l'ordre.

Que les méhallas chérifiennes, même encadrées par nos soins, demeurent impuissantes? Ce sera encore l'intervention forcée : de nos marins; de nos soldats, peut-être jusqu'à Fez.

Que diront les Allemands? Rien : si l'association économique est fructueuse. Tout : si elle ne porte aucun fruit. Ils crieront : à la violation de nos propres engagements. Et ce sera : la rupture de l'accord.

Les événements?

Négatifs pour l'association.

L'échange de vues initial n'aboutit pas. Une mission est envoyée à Berlin : à la demande du gouvernement impérial. A sa tête : M. Guiot, Administrateur français de la Banque d'État marocaine. Impossible : de tomber d'accord sur une formule générale.

Les tentatives pratiques ne sont pas plus heureuses. Mines : les exigences du groupe Mannesmann brisent tout. Travaux publics : réclamations de l'Angleterre et de l'Espagne; la sous-participation qu'elles exigent amputerait notre part, déjà restreinte. Chemins de fer : l'industrie allemande évincée nécessairement de la construction des lignes dites militaires émet d'inadmissibles prétentions sur les autres lignes. Nous ne pouvons tolérer des chefs de gare allemands : l'exploitation des voies ferrées touche de trop près à la direction politique!

Bref : échec sur toute la ligne.

L'hypothèque allemande ne joue pas.

Par contre : événements positifs et pleinement impératifs encore, pour l'action militaire.

Dès Mars 1911 : il nous faut aller réduire les Zaer. Deux bataillons et deux sections d'artillerie débarquent en renfort des 7.000 hommes disponibles dans la Chaouïa, insuffisants.

En Avril : le Commandant Brémond, au Nord de Fez

avec une méhalla, se trouve en péril. Le 17 : 4 bataillons, 1 escadron, 1 batterie embarquent de France et d'Algérie. Le 23 : 10 bataillons, 4 escadrons; 3 batteries.

De fin Avril au 11 Mai : concentration sous Kenitra. Le 11 : mise en route. Le 21 : arrivée devant Fez.

Jusqu'au 2 Juin : combats de déblayage autour de la ligne de communications. Du 6 au 10 : dégagement de la route Meknès—Fez; occupation de Meknès. Du 18 au 28 : soumission des Beni Mtir, âme de la rébellion.

Le 1er Juillet : départ d'une colonne vers les Zemmour pour ouvrir la route directe de Meknès à Rabat.

Ce même 1er Juillet, la canonnière allemande *Panther* jette l'ancre en rade d'Agadir.

C'est la rupture de l'accord.

Le protectorat grevé de servitudes.

Les Allemands sont gravement déçus.

Pas d'avantage que la pénétration jugulée, la pénétration hypothéquée ne leur a rien donné.

Il faut pourtant que le Maroc leur rapporte quelque chose.

Décision : laisser la France établir son protectorat; mais le lui faire payer.

Tel est l'objet du traité du 4 Novembre 1911. Droit d'occupation, de représentation extérieure, de réformes nous est reconnu. Mais une partie du Congo nous est arrachée : 280.000 kilomètres carrés; 50.000 de marais; 80.000 de forêts vierges; 150.000 de terres de culture et d'élevage; un million d'habitants.

Berlin conserve d'ailleurs : droit de regard sur notre protectorat.

Cela : par le maintien de certaines servitudes de l'Acte d'Algésiras.

Servitudes rappelées explicitement dans le traité.
Avec une insistance irritante.
Tel, a-t-on dit : *un contrat de régime dotal imposé par des parents prévoyants à des époux ne s'unissant que par intérêt.*

C'est d'abord : la porte ouverte.
Soit : l'égalité douanière et l'égalité fiscale accordées à tous.
La servitude est inévitable : une résultante de l'Histoire; tout comme notre suprématie politique!
Servitude : dont nous pouvons d'ailleurs parfaitement nous accommoder. C'est le régime à nous accordé : en Égypte par l'Angleterre qui n'a vu ni sa situation, ni son influence, ni son œuvre diminuées de ce fait. C'est le régime par nous institué : au Congo français; à la Côte d'Ivoire; au Dahomey, tout au moins temporairement.

Le droit de regard, à la Banque d'État et dans les quatre comités internationaux, est plus gênant.
Non pas de la part : de toutes les Puissances. La servitude peut se limiter à de simples formalités : juridiques ou diplomatiques.
Mais de la part : de l'Allemagne. En raison : de la tradition d'opposition anti-française créée partout par ses agents et que le traité ne leur fait pas abandonner. En raison : de la situation de fait qu'elle s'est déjà acquise au Maroc, grâce au compromis de 1909.

Les événements?

Notre protectorat joue : malgré les servitudes.
A la Banque d'État. Nous disposons de deux parts supplémentaires : grâce aux emprunts consentis en 1904 à

un consortium de banques françaises. Soit : trois voix. Les onze autres puissances signataires de l'Acte d'Algésiras ont : chacune une voix. En cas de partage : Angleterre, Italie, Russie, Belgique, Portugal, Maroc votent régulièrement pour nous. Trois plus six égalent : neuf. C'est la majorité.

Dans les comités de valeurs douanières, douanes, adjudications, travaux publics : l'Allemagne a accès par le Corps diplomatique. Mais nous contrebalançons son action par celle : des représentants du sultan; des représentants de la Banque d'État.

L'occupation du pays s'effectue : méthodiquement; progressivement.

Non : sans heurts. Un : particulièrement grave. Le protectorat à peine proclamé : la révolte éclate à Fez. Les 17, 18, 19 Avril 1912 l'émeute massacre : seize officiers ou instructeurs français de l'armée chérifienne; une soixantaine d'Européens. Les Berbères campent sous les murs de la ville. En un point : ils ouvrent la brèche. Ils s'élancent à l'assaut des Consulats qu'héroïquement notre détachement — 2 bataillons, 1 escadron 1/2, 2 sections de 75 — sauve du sac et du pillage. Il n'en faut pas moins : organiser une colonne de secours ; dégager Fez et ses abords. Puis : réaliser une jonction décisive. Celle qui s'impose : entre Maroc et Algérie. C'est la mission de la colonne de Taza : Mai, Juin, Juillet 1914.

Quant à la représentation extérieure : elle se réalise sans difficulté.

Enfin : les réformes sont entreprises; les grands travaux publics sont amorcés.

La guerre vient tout mettre en péril.
Elle crée aussi une lourde servitude.

Le péril.

Le 28 Juillet 1914 : un télégramme de Paris demande trente bataillons. Il prescrit : l'évacuation vers la côte.

Ce peut être : la mort du Protectorat.

L'illustre animateur de notre terre africaine ne veut pas que le Protectorat meure.

Il envoie : les trente bataillons exigés. Bientôt : sept bataillons encore; six batteries d'artillerie; une brigade de cavalerie; trois compagnies du génie.

Mais : il n'évacue pas. Les postes de l'intérieur sont confiés : aux territoriaux fournis par la Métropole. Sur la périphérie : quelques bataillons actifs se prodiguent en marches incessantes et en colonnes. Poignée d'hommes! Avec le concours des grands caïds, elle réussit à endiguer partout : l'attaque organisée — jusque là même — par l'Allemagne.

La servitude.

C'est la bataille du Maroc à mener inlassablement : tandis que sur le grand front se succèdent actions défensives et actions offensives.

C'est la Paix à continuer malgré la Guerre. Les colons sont merveilleusement appliqués à leur tâche : au milieu de ces indigènes qui placent en eux leur confiance et auxquels ils assurent le travail. L'*Exposition de Combat* organisée à Casablanca en pleines opérations est aux yeux de tous : une preuve vivante de la vaillance et de la richesse de notre Protectorat.

Le protectorat affranchi.

Le duel franco-allemand du Maroc trouve son épilogue à Versailles.

Le traité signé le 28 juin 1919 chasse l'Allemagne : des quatre comités internationaux; de la Banque d'État où sa part et ses prérogatives nous sont attribuées.

Berlin n'a plus droit de regard sur le Maroc : la Wilhem-strasse est exclue de toute négociation du quai d'Orsay à son sujet. Privilèges commerciaux des traités antérieurs : annulés. Liberté entière laissée à l'État marocain : pour le régime des ressortissants et des produits. Les biens appartenant à l'État allemand passent : de plein droit au Maghzen. Ceux appartenant à des particuliers sont liquidés : valeur à déduire de la dette de guerre.

Le 11 janvier 1920 : le traité de Versailles entre en vigueur dans l'Empire chérifien.

C'est le protectorat affranchi.

Avec cet affranchissement l'Heure de la Paix française a-t-elle définitivement sonné au Maroc?

Il faut nous tenir sur nos gardes.

Une dernière servitude subsiste.

Sur nos gardes.

La crise de 1925-1926 le prouve.

Dès 1924 un Beni Ouriaghel, Abd el Krim, est devenu célèbre : par ses victoires sur les Espagnols. Il étend sa domination : sur tout le Rif. De proche en proche : il gagne à sa cause nos tribus soumises. Début de 1925 : défection des Branès et des Tsouls, riverains de la passerelle de Taza (1).

L'effort est double. Il porte : sur Fez; sur la charnière Maroc—Algérie.

Ennemi puissant : armement moderne, produit de la contrebande ou du pillage; un fusil à tir rapide par guerrier; certains, exercés au maniement de la grenade et du V. B.; quelques Rifains au service de canons et mortiers de tranchée. — Ennemi habile : soldat par atavisme; uti-

---

(1) Voir Carte n° 1.

lisant le terrain; robuste, agile, sobre, peu chargé, donc
extrêmement mobile; sens tactique inné pour l'embuscade
propice, la menace dangereuse sur les flancs ou l'arrière;
enclin à toutes les ruses de guerre et à toutes les cruautés.
— Ennemi nombreux : noyau de 20.000 réguliers. Renfor-
cement par de gros contingents possible : partout où jouera
le mirage du succès; partout où l'appât du pillage sèmera
la dissidence.

Devant ces Berbères redoutables : les 80.000 hommes
obtenus fin 1922 et répartis sur tout le Protectorat ne suf-
fisent pas. Il faut de gros effectifs : aussi audacieux que
manœuvriers.

Ces effectifs sont réunis : grâce surtout à une Volonté
froide. Volonté froide qui a fait ses preuves : dans la crise
de Verdun; au lendemain de l'offensive à déceptions du
Chemin des Dames.

Le Rifain est arrêté : en deça de Fez; en deça de Taza.
Puis il recule : sur tout son front d'attaque. Enfin il est
menacé : jusque dans ses âpres montagnes.

Abd el Krim se rend.

La dernière servitude.

Le Sud-marocain.

Zône de dissidence : entre Marrakech et Bou Denib.
Autour des hauts sommets du Grand Atlas. Limitée : au
Nord par l'Oued el Abid; au Sud par les confins du Rio de
Oro espagnol; à l'Ouest par la haute vallée du Draa; à
l'Est par le Tafilelt (1).

C'est : le repaire de brigands. De là : partent tous les
djiouch, fauteurs des drames encore trop fréquents de l'Atlas et des confins algéro-marocains. Là ils rentrent : leurs
méfaits commis, parfois impunis; notre martyrologe nord-
africain douloureusement allongé.....

Il faut que cela cesse !

---

(1) Voir Carte n° 1.

Le travail politique a été vaillamment entrepris par nos officiers du Service des Renseignements sur les trois fronts principaux : Moyen Atlas vers l'Oued el Abid, 30.000 habitants, 6.000 fusils; Tafilelt, 100.000 habitants, 8.000 fusils; Haut Draa, 100.000 habitants, 8.000 fusils.

Le travail militaire exigera : un assez grand nombre de bataillons; bien commandés et encadrés; appuyés par quelques batteries et une puissante aviation de bombardement.

Son moment? Les contingences de disponibilité de crédits et d'effectifs, d'opportunité politique, ne permettent pas de le discriminer.

UN MAGHZEN ORGANISÉ

Le Maghzen : c'est le sultan.
Le sultan : entouré de fonctionnaires.
Le sultan : appuyé sur une armée.

En 1906 : Maghzen inorganisé.

Le sultan, Kalif et serviteur de Dieu, n'a d'autorité que par son origine chérifienne. Il ne peut modifier la loi : elle a été écrite dans le Coran par le Prophète.

Son entourage, vénal et corrompu, est incapable de se faire obéir. Un tiers du pays seulement, le *blad el Maghzen* (1), est soumis; ou, plus exactement, livré aux exactions des caïds : « Seigneur, prient les Riffains, envoie-nous la « grêle qui ravage nos moissons ou les sauterelles qui dé- « truisent nos récoltes; mais préserve-nous des soldats du « Maghzen qui éventrent nos femmes, violent nos enfants, « coupent nos arbres et brûlent nos maisons. » Le reste, c'est le *blad es siba* (2), insoumis : guerres intestines conti- nuelles; une tribu s'est-elle mise au travail des champs, quelque tribu voisine vient la razzier à la récolte.

L'armée compte peu. Son noyau est constitué par les quatre tribus toujours fidèles, constitutives du Maghzen : Etil Sous; Oudaya; Cheraya; Cheraghda. Son ensemble : un amalgame de mercenaires venus des quatre coins de l'Empire. Instruction : rudimentaire. Discipline : nulle. Dans les camps, c'est : la promiscuité entre officiers, sous-

---

(1) Pays de gouvernement.
(2) Pays de la poudre.

officiers, soldats ; la totale insouciance des chefs ; le manque de sanctions. Le service des armes n'est qu'un métier : au sens le plus matériel du terme. Les soldats mal payés, ou simplement mécontents de leurs officiers, désertent avec la plus grande facilité. Ils emportent leur fusil et leur uniforme qu'ils vendent pour se procurer quelques ressources. Pas de Code pour réprimer : la désertion ; la vente d'armes ou d'effets militaires. Nombreux sont les réguliers de Marrakech ou d'Oudjda qui, pris de nostalgie, désertent : ils vont rengager à Fez ou à Tanger.

A cette inorganisation : la France substitue un système rationnel.

Le sultan : doublé d'un Résident général, dépositaire de tous les pouvoirs de la République dans l'Empire.

Un maghzen de fonctionnaires chérifiens : adapté au Protectorat. A ses côtés, et relié à lui : un maghzen français, de direction et de contrôle.

Plus d'armée chérifienne : des forces militaires françaises commandées en chef par le Résident général.

Le Sultan et le Résident général.

Le 28 avril 1912 : notre premier Résident général est nommé.

C'est en pleine crise : la révolte gronde aux portes de Fez.

C'est une ville assiégée que le nouveau haut fonctionnaire est appelé à rejoindre.

Que fait le Résident général en quittant le cabinet du Ministre qui vient de l'investir ?

Il lance un télégramme au sultan.

Télégramme de « respect pour sa personne souveraine « et dévouement aux intérêts de son Empire. »

Le Résident général représente le Gouvernement français.

Il est le maître.

Mais son premier souci est, avec la sauvegarde de la situation religieuse du pays : le respect témoigné au sultan; le prestige assuré au sultan.

****

S'agit-il d'une audience impériale?

Elle se déroule dans la salle traditionnelle du Palais : suivant le rite consacré.

« Le Résident, en grand uniforme, accomplit les trois « révérences du cérémonial, courbant par trois fois sa fière « et mince stature. Et, enfin, parvenu auprès de Sa Ma- « jesté, celle-ci lui ayant tendu la main, il la porte à ses « lèvres et se confond en politesses (1)..... »

Y a-t-il quelque grande fête musulmane — fête nationale pour le Maroc — à célébrer?

Grandiose réception à la Maison de France.

Le Résident y témoigne de tout son respect pour la personne souveraine. Il remercie le sultan *d'une collaboration chaque jour plus étroite et plus confiante, si précieuse pour l'Empire.*

Le sultan apparaît-il pour une solennité sur quelque point du territoire?

Le Maréchal a le souci — aussi habile que délicat — de s'effacer devant lui.

« A Sidna doivent être réservés tous les honneurs : et les

____

(1) *Le Nouveau Maroc*, par J. DU TAILLIS. — Société d'éditions géographiques, maritimes, coloniales. Paris, 1923 (Page 231).

« acclamations des tribus; et le noble salut des épées flam-
« boyantes.

« Le sultan absent, le Résident entend être son Khalifa,
« et sa tente riche et somptueuse s'adorne des boules d'or
« au haut du mât : symbole de l'autorité suprême.

« Mais Sa Majesté présente, aucun emblème déployé,
« hormis le fanion de commandement d'azur à l'insigne
« tricolore.

« Parfois : il tient à laisser à la cérémonie son caractère
« essentiellement indigène, à ne point la gâter par la pré-
« sence d'un infidèle. Ainsi se défend-il d'assister le jour
« de l'Aïd Kebir à la manifestation de l'hommage, de crainte
« de paraître en détourner une part (1). »

*
* *

Dès les premiers jours du Protectorat : une liste civile
de 5.250.000 francs est allouée au sultan.

Portée bientôt : à 6.145.000 francs.

Le Palais reprend une allure majestueuse.

Les *Henati*, serviteurs fameux, sont conservés avec soin.

La Garde particulière, recrutée parmi les plus beaux
guerriers, est parée d'uniformes resplendissants.

Une région se trouve-t-elle replacée sous l'autorité du
Maghzen... Taza..... Ouezzan?

Un voyage impérial y est organisé avec un fastueux cor-
tège.

Et chaque fois que cette longue théorie de fonctionnaires
et serviteurs se déroule dans la blancheur éclatante de

---

(1) Ouvrage précité de J. DU TAILLIS (Page 224).

leurs vêtements de neige : c'est dans le cadre des baïonnettes françaises; c'est avec le fracas du canon français.

Le 11 Novembre 1918 : le sultan se trouve à Marrakech.
L'armistice y est célébré.

Cérémonie, revue et défilé des troupes, enfin fantasia
des tribus se succèdent avec un éclat encore inégalé.

C'est la consécration : de *la victoire indivisible de la
Métropole et de son Protectorat.*
C'est l'affirmation d'un lien sacré unissant désormais le
Maroc à la France : le sang versé en commun sur les champs
de bataille du Droit et de la Justice.

Qui donc préside à cette grandiose consécration, à cette
solennelle affirmation?

Le sultan.

Le maghzen chérifien.

L'adaptation consiste : à supprimer ou transformer les
ministères archaïques; à en créer de nouveaux.

Il y avait en 1906 :
— un grand vizir, à la tête des fonctionnaires de la
cour (gens de la *Koummyia* ou du poignard) et des bureaux (gens de la *chkara* ou de la sacoche);
— à ses côtés quatre vizirs ou ministres. Celui des
Affaires étrangères, *ouzir el bahr* ou ministre de la Mer :
réminiscence du temps des corsaires; la diplomatie chérifienne se trouvait alors absorbée par le pillage des na-

vires, le rapt et la vente des esclaves sur les côtes de Berbérie. Celui de la Guerre, *allaf* ou intendant-payeur : patronymie attestant le caractère mercenaire des milices marocaines. Celui des Finances, *amin el oumana* ou encaisseur des recettes : il note aussi les dépenses, plus ou moins régulièrement sans doute; l'idée prédominante est l'encaissement. Celui de la Justice, *ouzir el chikaïat echkekaoui* ou receveur des réclamations : prépondérance de la chicane ainsi décelée par la terminologie.

La France maintient : le grand vizir.
Il est président du Conseil et ministre de l'Intérieur.

D'un trait de plume, elle supprime : vizir des Affaires étrangères et vizir de la Guerre.
Le Résident général est chargé de la représentation extérieure. Il commande en chef.

Le vizir des Finances n'est pas maintenu davantage.
La trésorerie chérifienne est trop délabrée.
Service complexe : à réorganiser et à assurer par de hauts fonctionnaires français.

Quant au viziriat des Réclamations, il devient un véritable ministère de la Justice : la section des réclamations proprement dites est purement et simplement rattachée au grand viziriat. Ministère de la Justice comprenant : une section de juridiction pénale. Ainsi : l'arbitraire de certains caïds ou pachas pourra être contrôlé et le régime de leurs prisons moyenâgeuses surveillé.

Les deux nouveaux ministères sont :
— celui des Habous. La France s'est engagée à respecter les fondations pieuses musulmanes. Il est logique que ces

fondations — la prospérité nouvelle du Maroc va les multiplier — soient confiées à un organe chérifien;

— celui des Domaines. La France attache le plus grand prix au maintien du domaine privé de l'État : d'attributions chérifiennes, naturellement.

Pour se faire obéir à l'intérieur du pays, le maghzen central a toujours disposé de : caïds, pachas; cadis.

Ces fonstionnaires sont maintenus.
Mais avec : des attributions et une responsabilité nettement définies; un contrôle vigilant.

Le caïd est placé à la tête de la tribu et le pacha à la tête de la ville.
Leur mission : administrer; rendre la justice pénale au nom du sultan.

Le cadi, lettré versé dans les préceptes du Coran, juge les causes civiles, commerciales, immobilières et de statut personnel : toutes questions qui relèvent de la loi islamique.

Le maghzen français.

La Direction.

A sa tête : le Résident général.

Il est assisté :
— d'un *Conseil du gouvernement.* Assemblée consultative : fonctionnaires; représentants élus de l'agriculture, du commerce, de l'industrie, de toutes professions. Rôle : discuter les intérêts du Maroc; formuler des vœux;
— d'un *Délégué à la Résidence.* Contrôleur général de

l'administration civile. Le Résident absent ou empêché :
il le remplace;

— du *Secrétaire général du Protectorat*. Centralisateur de
toutes affaires administratives. Le Délégué absent ou empêché : il le remplace.

*
* *

Le Contrôle.

Une DIRECTION GÉNÉRALE DES AFFAIRES INDIGÈNES.
Vérificatrice de l'administration indigène : dans les régions encore soumises à l'autorité militaire.

Le SECRÉTARIAT GÉNÉRAL DU PROTECTORAT
Même office : dans les régions qui ne sont plus du ressort de l'autorité militaire.

*
* *

Lien avec le maghzen chérifien.

Le CONSEILLER DU GOUVERNEMENT CHÉRIFIEN.
Très gros personnage.

Haut fonctionnaire qui assiste à tous les Conseils des
vizirs. Au sultan et à ses ministres il explique : les motifs
de l'Administration française pour les différentes mesures
prises. Au Résident : il fait part de l'impression produite.

Haut fonctionnaire : agissant sur tous les organismes
chérifiens; en relations constantes avec les chefs de service français.

Il est à la tête : de la *Direction générale des affaires chérifiennes.*

Organes de contrôle : correspondant à chacun des viziriats.

Organes d'administration : budget du maghzen central; liste civile.

**

Services chérifiens à personnel français.

Services spéciaux : en raison des modifications qui s'imposaient; en raison de leur technicité.

La France les a assumés. Non : pour réaliser une mainmise. Mais : pour aider le maghzen chérifien; pour collaborer plus efficacement à la bonne gestion des affaires de l'Empire.

SERVICES D'ADMINISTRATION GÉNÉRALE
Services civils; affaires indigènes; renseignements.

SERVICES FINANCIERS.
Budget; contrôle; perceptions; contributions; douanes; enregistrement; domaines; trésorerie générale.

SERVICES ÉCONOMIQUES.
Travaux publics; agriculture; commerce; colonisation; postes et télégraphes; topographie.

SERVICES D'INTÉRÊT SOCIAL.
Instruction publique; beaux Arts et antiquités; santé et hygiène publiques.

**

Administration régionale.

Des RÉGIONS CIVILES.
Au fur et à mesure de la pacification.

A la tête de chacune de ces régions : un Contrôleur. Il exerce son autorité (celle d'un Préfet) : sur les circonscriptions de contrôle administrées, chacune, par un contrôleur civil (Sous-Préfet); sur les municipalités administrées, chacune, par une commission présidée par un chef des services (Maire).

Régions : Casablanca; Rabat; Ouezzan; Oudjda.

Des régions militaires.

Partout où la pacification n'est pas chose faite.

A la tête de chacune d'elles : un officier général. Il exerce son autorité (fonctions civiles et militaires) : sur les différents territoires, subdivisés eux-mêmes en cercles.

Régions : Fez; Meknez; Taza; Marrakech.

Dans les régions militaires opère : le *Service des Renseignements*.

Organisme : militaire; politique; administratif.

Il agit : sous l'impulsion de la Direction générale des Affaires indigènes. Service installé auprès du Résident à qui incombe la politique.

Mission : pénétration en pays insoumis; préparation de l'occupation; pilotage des colonnes sur leurs divers itinéraires d'opérations; organisation de la nouvelle zone soumise, sous la haute autorité du général commandant la région.

DES FINANCES SAINES

Avant notre intervention, le Maroc est en pleine anarchie financière.

L'impôt n'y est pas, ou y est mal perçu.

Il y a bien, en nom, un ministre des Finances. C'est l'*amin el oumana*.

En fait : un simple trésorier général !

Sans autorité : il centralise les recettes, quand il peut. Pas de contrôle de sa part.

Sans budget : il note les dépenses, quand il veut. Pas de contrôle à son égard.

Il y a bien aussi des *Douanes marocaines*.

Mais : ce n'est pas au seul profit du maghzen qu'elles fonctionnent.

Les chefs de cette administration ont acheté leur charge.

Leur unique préoccupation : récupérer largement le prix d'achat, à leur propre bénéfice.

Les besoins sont-ils trop pressants ?

On va chercher l'argent : là où il se trouve.

En pays soumis : injonction adressée au Caïd.

Cet excellent fonctionnaire fait immédiatement « suer le burnous » : au besoin, à main armée. Du pressurage réalisé, il garde la bonne part : le reste va au maghzen.

Mais il y a une limite !

En pays insoumis : expédition militaire.
Le sultan y préside généralement.
Épilogue : lourde contribution de guerre..... A moins que l'on n'ait dû reculer devant les *moukalas* des rebelles.

Résultats?

La trésorerie est dans un état lamentable.

En 1904 : situation particulièrement désastreuse.
Les circonstances — révolte du Rogui — se prêtent mal : à quelque nouveau pressurage; à quelque colonne expéditionnaire.

On a recours à la France.
Elle est alors en mal de *pénétration pacifique*.

Abd el Aziz consent à des banques françaises réunies en consortium : un emprunt 5 % de 62.500.000 francs.
Gagé : sur le produit des douanes.

Opération excellente : dans l'intérêt général.
Les douanes marocaines vont enfin être contrôlées. Elles vont rendre : à plein et à qui de droit.

L'agent officiel du consortium, dénommé *Représentant des porteurs de titres*, est placé sous la protection de la Légation de France à Tanger.
Son rôle? Il est chef d'une mission chargée de prélever sur les recettes douanières : le montant des annuités souscrites.
Ses attributions sont étendues en 1907, au lendemain

d'Algésiras. Elles comportent désormais : le contrôle de la gestion des douanes.

Attributions amplifiées au maximum en 1910 : la gestion même des douanes. C'est au lendemain d'un nouvel emprunt. Emprunt que vient de contracter Mouley Hafid : aussi à court que son précédesseur Abd el Aziz en 1904. Taux : 5 %. Quotité : 101.124.000 francs. Gages : 1º l'excédent disponible du produit des douanes, service de l'emprunt précédent assuré; 2º le monopole des tabacs; 3º le *mafenstafadat* ou droit d'entrée et de sortie perçu dans les ports; 4º la part maghzénienne de la taxe urbaine.

Une *Direction de la Dette marocaine* est alors créée, avec siège à Tanger.

On commence à voir un peu plus clair dans la trésorerie chérifienne.....

***

Avec le Protectorat français : clarification totale; rendement optimum.

C'est immédiatement : l'organisation d'une *Direction générale des finances*.

Puis, dès 1914 : la création d'un *Service des impôts et contributions*.

En ce qui concerne : les impôts directs.

Réorganisation du *tertib* : sur les arbres fruitiers et le cheptel. Il saute de 20.751.312 francs en 1915 : à 115.438.574 en 1925 (1).

---

(1) La plupart des chiffres cités ici, comme dans les chapitres suivants, sont extraits du remarquable Rapport de M. Bouilloux Lafont sur le Budget du Maroc (Annexe au Procès-verbal de la séance de la Chambre du 13 juillet 1927) : ainsi qu'une grande partie de la documentation.

Dahir du 24 juillet 1918, revisant la *taxe urbaine* : sur la propriété bâtie. Cette taxe monte de 179.025 en 1910 à : 1.264.918 en 1914; 3.164.063 en 1919; 9.846.097 en 1925.

Dahir du 9 octobre 1920, instituant l'*impôt des patentes* : dispositions inspirées de la législation française de 1880. Près de dix millions entrent annuellement à ce titre dans les caisses du maghzen.

Dahir du 10 juillet 1924, étendant à l'ensemble du Maroc la *taxe des prestations* : due par tout habitant majeur, européen ou indigène, à l'exception des citadins. Année de la mise en vigueur : 4.170.682. En 1926 : 6.391.074.

En ce qui concerne : les **impôts indirects.**

Les *droits de douanes*. De 16.867.198 en 1913 : à 162.818.493 en 1926. Dont : 154.666.450 pour l'importation; 7.828.939 pour l'exportation; 323.104 en recettes diverses.

Les *taxes intérieures de consommation*. De 28.642 en 1914 : à 110.557.386 en 1925.

Les *droits de marché*. De 6.318.240 en 1913 : à près de vingt millions en 1926.

Les *droits de timbre* fournissent plus de vingt-cinq millions.

Au titre des *Domaines* : près de quinze millions dont plus de huit avec les forêts.

L'Office des *Postes*, *télégraphes*, *téléphones* : près de trente millions.

Avant notre protectorat, existaient en dehors de la poste chérifienne non reconnue par l'Union postale universelle : une poste française; une anglaise; une allemande; une espagnole.

Dès le 1er octobre 1913 : fusion entre poste française et poste chérifienne.

A la déclaration de guerre, 2 août 1914 : suppression de la poste allemande.

Le 1er août 1915 : disparition de la poste espagnole.

La poste anglaise est donc la seule étrangère qui subsiste.

Le *monopole des tabacs* a été adjugé en 1910 pour quarante ans : à une Société internationale.

Redevance fixe : 3.210.000.

En plus : abandon d'une partie des bénéfices; progressivement et par tranches. Part touchée par le maghzen en 1927 : 28.700.000.

Les *exploitations* à gérance directe pour l'intérêt général ont produit en 1926 :

— fermes expérimentales, jardins d'essai, autrucheries, bergeries 612.795 (plus de 800.000 en 1927);

— ateliers d'arts indigènes 74.091;

— bulletin officiel 470.990.

Les *produits divers* et *recettes d'ordre* donnent au delà de trente millions.

****

Toutes ces ressources permettent de faire face à des dépenses dépassant cinq cents millions.

En reliquat : une plus value importante.

Le lecteur excusera la profusion des chiffres.

Ils illustrent trop éloquemment l'assainissement financier pour n'être point cités.

Au Budget de 1927 étaient inscrites les dépenses ci-dessous :

— dette publique (1)	102.382.893 **fr.**
— liste civile du sultan	6.145.000
— administration générale	91.990.362
— services financiers	51.991.930
— intérêt économique	153.868.084
— intérêt social.	59.926.661
— dépenses militaires	47.547.009
— imprévu.	10.800.000
Total	524.651.939 **fr.**

Recettes (évaluations) inscrites : 531.829.110.

Progression des résultats obtenus dans les différents exercices depuis l'établissement du protectorat.
En 1913, encore en 1914, *léger déficit :* 5.964 ; puis 6.888.
A partir de 1915 : *excédent permanent* des recettes réelles.
Modeste en 1915 : 7.856.252.
Plus sensible en 1918 : 28.289.908.
La centaine de millions est dépassée en 1926 : 124.000.000.

---

(1) En dehors des emprunts déjà cités (1904 : 62.500.000 ; 1910 : 101.124.000) la Dette publique du Maroc comporte : les emprunts de 1914 - 1916 (242.000.000) et 1920 (744.140.000). Au total : 705.624.000.

ÉVOLUTION ÉCONOMIQUE

UNE CULTURE RATIONNELLE

Le Maroc est le pays le plus fertile du Monde.

L'auteur avait été frappé : par les descriptions enthousiastes du Vicomte de Foucauld (1) et du Marquis de Segonzac (2).

Au cours de ses randonnées à travers la Chaouïa, dans le Moyen Atlas, puis vers Bel Hamri, l'Oued Amelil, Taza, enfin dans son Cercle de l'Ouergha, autour du poste de Kelaa des Sless, et vers le Gharb : il a constaté la profonde véracité des deux explorateurs.

Le pays le plus fertile? Oui.
Mais, avant l'arrivée des Français : le plus mal cultivé.

Les procédés sont rudimentaires.
« On gratte la terre plutôt qu'on ne la laboure. Avec
« des charrues tout à fait primitives : dont l'attelage, éga
« lement disparate, est constitué par des chevaux de selle,
« des ânes, des mulets ou des chameaux. Le sillon est si
« peu profond et l'effort fourni par le laboureur si faible
« que généralement celui-ci dirige la charrue d'une seule
« main. Il n'est pas rare de voir des enfants d'une dizaine

---

(1) *Reconnaissance du Maroc*, par le Vicomte DE FOUCAULT. — Challamel. Paris, 1888.
(2) *Voyages au Maroc*, par le Marquis DE SEGONZAC. — Armand Colin. Paris, 1903.

« d'années labourer seuls, avec des attelages de petits
« ânes (1). »

Aucune expérimentation.

De méthode, point : ni sélection des semences; ni choix
des terrains.

* * *

La France instaure la culture rationnelle.

Dès le 1er avril 1913 : création d'un *Service civil de l'agri-
culture.*
Service bientôt érigé : en *Direction.*
Puis, en 1921 : en *Direction générale.*

Tous les efforts tendent vers :
— l'expérimentation;
— l'irrigation;
— la colonisation;
— l'encouragement (2).

* * *

L'expérimentation.

Améliorer et développer : les cultures existantes.
Déterminer : celles à introduire.
Tel est LE BUT.

LES MOYENS.

Une *station de sélection :* à Rabat. Elle s'applique au

____

(1) *Mission dans le Maroc occidental (automne 1904),* par Paul LEMOINE. —
Bulletin du Comité de l'Afrique française n° 3 *bis,* mars 1905.
(2) Voir carte n° 2.

perfectionnement des céréales locales : mise à la disposition des colons de variétés de blé sélectionnées; contrôle des semences.

Trois *fermes expérimentales*. Une à Casablanca : station ampélographique; vignoble de plusieurs dizaines d'hectares; cellier modèle. Une à Fez, la plus étendue (600 hectares) : culture intensive avec assolement quadriennal; culture extensive avec jachère biennale. Une enfin à Marrakech : champs irrigués; coton; rosier à parfum.

Deux *jardins d'essai* : à Meknez et Rabat.

Une *pépinière* : à Sefrou.

Des *stations locales* : El Hajeb; Mechra bel Ksiri; Mechra Richoua dans le Gharb, spécialement destinée à la culture irriguée.

Les résultats.

Pour l'amélioration : le *blé tendre*. Il était jusqu'alors : à peu près complètement négligé. Les indigènes ne cultivaient guère : que le blé dur ou semoulier. Le blé tendre est préféré par les Européens. Il est nécessaire au ravitaillement de la métropole. Son ensemencement, insignifiant en 1914, s'est élevé : à 120.000 hectares en 1927. Contre : 920.000 pour le blé dur; 1.300.000 pour l'orge.

Pour le développement. — Plus de 3.000.000 d'hectares aujourd'hui cultivés : 1.500 000 en 1914. Soit : *le double*. Sous réserve : de l'imprécision du recensement de 1914, dans certaines régions. — Mention spéciale pour l'extension de la *culture maraîchère*, de 9.000 à 14.000 hectares : principalement les primeurs et aux abords immédiats des villes (1).

----

(1) En dehors de la culture proprement dite, un gros effort a été fait : pour l'extension des forêts; pour le développement du cheptel. — Dès novembre 1912 : toutes les forêts devienennt domaine d'État; consignes formelles contre les incendies périodiques. Malgré les efforts réalisés, le Maroc doit encore, pour ses propres besoins, subir l'importation de 45.000 tonnes de bois chaque année, chêne et sapin surtout. — Le Maroc est essentiellement un pays

Pour l'introduction. — Le *seigle* commence à être apprécié dans les terres sablonneuses de la côte et des Beni Ahsen. — Le *tabac* s'est implanté dans le Maroc oriental. Il commence à renaître dans le Maroc occidental. — Le *coton*, si important pour la France, a pris droit de cité : il n'occupe encore que 400 hectares dans le Maroc oriental (Berkane) et 300 en Maroc occidental (Gharb et région de Marrakech). Essais continués avec persévérance.

***

L'irrigation.

SON PASSÉ.

L'adduction de l'eau par canaux (*seguia*) ou galeries souterraines (*rethara*), son élévation du lit des rivières à la berge ou son pompage des puits jusqu'au sol (*noria*), ne datent pas : de l'occupation française.

De tout temps : les indigènes ont employé ces procédés. Principalement : sur les flancs du Grand et du Moyen Atlas; dans la basse plaine du Sebou et de l'Oum er Rbia; dans les vallées de l'Oued Beth et de la Moulouya. Ainsi, ils sont parvenus : à créer l'oasis de Marrakech; à fertiliser la région de Demnat et du Tadla; à permettre la culture maraîchère aux environs de Casablanca.

SON IMPORTANCE

Motivée : par la longue période de sécheresse.
Une nécessité : en été, à peu près partout; en hiver,

---

d'élevage. Les indigènes possèdent plus de : 1.500.000 bœufs; 9.000.000 de moutons; 3.000.000 de chèvres; 360.000 veaux; 60.000 porcs; 650.000 ânes et mulets; 200.000 juments et chevaux; 120.000 chameaux. Les Européens plus de : 40.000 bœufs; 100.000 moutons; 15.000 chèvres; 12.000 veaux; 55.000 porcs; 5.000 ânes et mulets; 8.000 juments et chevaux; 500 chameaux.

dans certaines contrées de l'intérieur, comme celle de Marrakech.

NOTRE PROGRAMME.

Extension de l'utilisation agricole des eaux : au maximum; rationnellement.

Il faut :

— créer des points d'eau dans les parties désertiques;

— aménager des eaux de surface pour les irrigations (Aïn Chkeff vers Fez; Aïn Taoudjat vers Meknez; Aïn Ourika vers Marrakech);

— assainir les marais et terrains immergés;

— exécuter de vastes travaux d'irrigation utilisant les eaux des rivières Moulouya, Oued Beth, Oued Mellah, Oued Sebou, Oum er Rbia, N'Fis.

LES RÉSULTATS.

En 1926 : tous travaux de première nécessité sont exécutés ou entrepris; ceux de deuxième urgence mis à l'étude.

En 1927 : création de la *Caisse de l'hydraulique agricole* pour donner une impulsion nouvelle aux entreprises et projets (dahir du 4 Janvier). Dotation initiale de 21.800.000 francs : prélevée sur les bénéfices de l'exploitation des phosphates marocains. Affectation : du tiers de la somme (6.900.000) au barrage de l'Oued Beth; du cinquième (4.000.000) à l'irrigation de la plaine des Triffas par la Moulouya. 2.500.000 consacrés au barrage de l'Oued Mellah et 1.500.000 à celui du N'Fis. 1.000.000 réservés aux terrains livrés à la colonisation en 1926 — au lendemain de la reddition d'Abd el Krim — dans la région de Taza.

*
* *

La colonisation.

Nous analyserons successivement :
— son but;
— son principe;
— ses ressources;
— son procédé;
— ses résultats.

Bᴜᴛ.

Il est double.
Accroître l'influence française.
Mettre en valeur les richesses naturelles.

Pʀɪɴᴄɪᴘᴇ.

Intensifier au plus tôt : le peuplement européen.
Par la constitution rapide de lots : offrant toutes garanties juridiques et un avenir suffisant.

Rᴇssoᴜʀᴄᴇs.

— Les terrains privés.
— Le domaine d'État.
— Les terres habous.
— Les terres collectives.
— Les séquestres de guerre.
— Les terrains dédomanialisés et appropriés.

Terrains privés. — A notre arrivée : c'est la pleine anarchie pour la propriété foncière. Titres : inexistants. Ou : titres falsifiés. Ou encore : bornage non fait. — Nécessité : de purger les terrains de toutes contestations; d'établir un nouveau *Livre foncier.* Tel est l'objet : du dahir du 12 Août 1913. — Ce décret jette les bases du régime foncier : principes de l' « Act Torrens ». Donc régime analogue : à celui créé en Australie par les Anglais, par nous-mêmes en Tunisie, en Afrique occidentale, à Madagascar. Ce n'est pas comme en France : la publicité foncière, par noms de propriétaires portés sur les registres d'inscription et de transcription des hypothèques. Mais : une individualisation de la propriété avec déclaration et bornage en présence de toutes parties intéressées. Le 25 Avril 1919 : une Commission permanente des litiges est créée. Elle tranchera. — Une Conservation est créée : à Casablanca. Puis, à : Oudjda; Rabat; Marrakech; Meknez.

Domaine d'État. — Son origine est : la conquête. Le maghzen est également devenu propriétaire : par confiscation de biens appartenant à des fonctionnaires morts ou à des rebelles; par acquisition ou legs. — Ou bien l'État possède à titre privatif : même régime que pour les particuliers. Ce sont les terres *melk*. Ou bien à titre collectif : la nue-propriété est pour lui; l'usufruit appartient aux tribus occupantes. Il s'agit des terres *guich :* analogues à celles du colonat militaire romain. Le sultan reçoit des soldats de la tribu. En échange il lui donne la jouissance de terrains. L'étendue du domaine : 160.000 hectares de terres melk; 250.000 de terres guich. — Les tribus n'ayant plus à fournir de soldats au sultan, l'Administration reprend peu à peu les terres guich au bénéfice de la colonisation : celles, tout au moins, qui excèdent les besoins de ces tribus. La mesure est en cours d'exécution dans trois régions : le Gharb, Meknez, Fez. Soixante mille hectares déjà ont été ainsi attribués aux colons. De cent à cent cinquante mille hectares pourront l'être encore.

Terres habous. — Ce sont des terres : rendues inaliénables par leurs propriétaires; avec jouissance perpétuelle pour quelque œuvre pieuse. Leur superficie : 40.000 hectares environ. — Elles peuvent être : louées par bail de 3, 6, 9, 10, 20, 30 ans; ou échangées contre des terrains se prêtant moins bien à la colonisation. Deux mille hec-

tares déjà ont été ainsi mis en louage ou en échange. L'opé
ration pourra s'étendre encore jusqu'à une dizaine de mille
d'hectares.

Terres collectives. — C'est la masse du patrimoine foncier : la tribu, ou la fraction de tribu, ou le douar (village),
est propriétaire; les membres de la collectivité exploitent
à tour de rôle, suivant répartition et durée fixées par la
djemaa (assemblée de la tribu, ou conseil municipal). Plusieurs millions d'hectares. — Tout ce qui dépasse les besoins légitimes des tribus, appréciés par un *Conseil de
tutelle* siégeant à la *Direction des affaires indigènes*, est :
prélevé sur la collectivité indigène; aliéné à des colons.
En plein accord avec les djemaa et contre indemnité. C'est
un prélèvement de 32.000 hectares qui déjà a été ainsi
effectué. En plus, 5.500 hectares ont été loués : soit à long
bail, soit à perpétuité.

Séquestres de guerre. — Biens : des ressortissants allemands et de leurs alliés. Étendue : 30.000 hectares. —
Liquidation : pour 5.600 hectares déjà; affectés à la petite
et à la moyenne colonisation, surtout en Chaouïa.

Terrains dédomanialisés et appropriés. — Ce sont : les
marais asséchés; les *merdjas*. Vingt mille hectares ont
ainsi pu être récupérés : au bénéfice des colons.

Procédé.

Ce n'est pas : la *concession gratuite*. Elle ne serait : ni
morale aux yeux des indigènes; ni pratique pour nous, car
elle attirerait paresseux et incapables; ni équitable pour la
masse des contribuables.

C'est : la *vente*. Avec de grandes facilités de paiement.

C'est la vente : après *production de garanties* de mora-
lité, capacité, ressources; avec *promesse* de durée suffisante
de *résidence* sur l'exploitation (quinze ans).

Cette vente est réglementée : par *catégories d'intérêt social*. Ainsi en 1926, sur 860 candidats admis à acheter : 267 mutilés et anciens combattants; 200 immigrants (1); 367 Marocains (2); 26 officiers et fonctionnaires. Dans chacune des catégories : moitié des lots réservée aux pères de famille nombreuse, classés d'après le nombre d'enfants mineurs à leur charge.

Enfin la vente est mesurée : à la *compétence* professionnelle; aux *ressources* des candidats. — Petite colonisation aux abords des centres importants : ferme de 20 à 30 hectares; la vente des volailles, œufs, légumes, fruits, laitage ajoutée aux revenus de l'exploitation permet de vivre. — Moyenne colonisation dans l'intérieur du pays : ferme de 150 à 200 hectares cultivables avec terrains de parcours pour les troupeaux. Autant que possible aux abords de la grande artère d'outillage économique : Casablanca—Fez par Rabat, Kenitra, Meknès. — Exceptionnellement, grande colonisation : 400 à 500 hectares, et plus; réservée à des attributaires diposant de moyens d'action personnels appropriés; en retrait même des grandes communications.

En 1926-1927 : le prix moyen de l'hectare vendu au colon s'élevait à 270 francs.

RÉSULTATS.

Plus de deux mille *exploitations :* dont, en chiffres ronds, 1.900 françaises, 200 étrangères.

Leur *superficie :* 610.000 hectares d'une part; 40.000 d'autre part.

----

(1) Venant de France, Algérie, Tunisie, autres colonies ou protectorats, ou pays ex-alliés ou neutres, auxquels les traités accordent mêmes droits qu'aux Français.

(2) Français ou ressortissants de Nations ex-alliées ou neutres, ayant au moins deux années de séjour au Maroc.

Nombre des *colons* : exactement 1.958 (1) au 31 décembre 1926, dont 1.750 Français.

Pourcentages.

Nos compatriotes : 90.
Leurs terres : 95.

****

L'encouragement.

Sous forme : de *facilités de crédit*.

A l'aide de :
— *chambres consultatives d'agriculture*. Créées le 1er Juin 1919. Deux proprement dites : à Casablanca pour la Chaouïa; à Rabat pour sa région et Kenitra. Six mixtes d'agriculture, commerce et industrie : Fez; Meknès; Marrakeck; Oudjda; Safi; Mazagan;
— *associations agricoles*. Instituées par dahir du 24 Mai 1924. Dans toutes les régions. Une des plus actives : celle des maraîchers, horticulteurs, pépiniéristes de Casablanca; elle a réalisé l'exportation des primeurs du Maroc;
— *caisses de crédit mutuel*. Dahir organique de 1919, revisé en 1923 et 1926. Sièges sociaux : Oudjda pour le Maroc oriental; Rabat pour le Maroc du Nord; Casablanca pour les régions du Sud;
— *caisses d'assurances*. Dahir du 30 octobre 1920. Depuis leur fondation : près de 4.000 polices; plus de 250.000.000 de valeurs assurées; plus de 1.600.000 francs de cotisations. Il a été payé près de 800.000 francs pour les sinistres : grêle 13.000; maladies du bétail 55.000; incendies 710.000; accidents 15.000;

---

(1) Nombre des colons et nombre des exploitations ne concordent pas exactement : 1° association de plusieurs colons pour la même ferme; 2° colons ou sociétés propriétaires de plusieurs fermes.

— *sociétés indigènes de prévoyance*. Même objet : que les coopératives et caisses ci-dessus. Mais : institutions harmonisées avec les traditions musulmanes. Régies par dahirs : du 26 Mai 1917; puis du 28 Janvier 1922. Leur nombre : une cinquantaine. Leurs adhérents : 500.000. Leur actif : trente millions. En 1927 : 7.000.000 de prêts en nature; 6.000.000 de prêts en argent; 3.000.000 pour achats de graines à la récolte.

UN COMMERCE RÉGLEMENTÉ

En 1906 : le commerce est réglementé.
Il l'est mal.

D'abord : les circonstances sont nettement défavorables.
Pas de banques. — Les Européens doivent se servir d'intermédiaires connaissant : les routes, ou plutôt les pistes; les marchés; la langue arabe ou berbère. Courtiers indigènes ou censaux qui jouissent de la protection de la Nation dont le commerçant est ressortissant. Les juifs sont très employés.
Aucun crédit stable : c'est l'âge d'or pour l'usure. — Le taux d'emprunt atteint 12, 30, 60 % : suivant les chances de solvabilité.
Pas de système monétaire uniforme. — Il y a bien : le *mitqual;* il se fractionne en dix *onquia.* Mais c'est une valeur purement théorique : aucune monnaie ne le représente. — En usage, les pièces les plus diverses : chérifiennes d'argent (le *hassani*), bronze, billon; le *réal* de cinq francs, espagnol ou français; la *peseta* espagnole, ou la pièce de un franc française.

Quant à la réglementation : irrégulière; parfois draconienne.
Avant la convention commerciale passée avec l'Allemagne en 1890 : interdiction d'exporter le blé et l'orge. Autorisation : de 1890 à 1893. Puis : prohibition à nouveau, à partir de 1894. En 1898 : nouvelle autorisation; mais avec des droits à payer considérables. En 1901 : le

sultan, pris de libéralisme, diminue ces droits. En même temps, il autorise l'exportation libre ou avec un paiement de 5 % *ad valorem* pour : pommes de terre; bananes; courges; tomates.

Aucune exploitation des richesses du sous-sol : l'extraction de tout minerai est interdite. La prospection : défendue sous peine de mort.

Circonstances et réglementation constituent : une véritable camisole de force pour le commerce marocain.

Les ressources du pays sont telles que le chiffre annuel des affaires ne s'en élève pas moins à cent millions de francs : 38,5 pour la France; 36 pour l'Angleterre; 8,5 pour l'Espagne; 7,5 pour l'Allemagne; 9,5 pour l'ensemble des autres Puissances.

****

Sous notre impulsion, le Maroc a eu la bonne fortune d'être doté, plusieurs années avant sa mise en valeur, d'une Banque d'État.

Établissement créé à la Conférence d'Algésiras.

Les premiers bilans sont modestes.

Au total : 2.000.000 en 1907-1908-1909.

La Banque limite alors son activité à : Tanger; Casablanca; Mogador.

Au lendemain de notre protectorat, le 31 Décembre 1913 : sept agences; concours au commerce de 31.000.000 de francs.

Aujourd'hui : quatorze agences en zône française; concours au commerce de 300.000.000 de francs.

Compte tenu de la dévaluation du franc-or : c'est vingt-huit fois le chiffre des premières années.

De nombreux établissements financiers ont d'ailleurs réalisé des installations après notre arrivée.

Crédit foncier d'Algérie et de Tunisie; Compagnie algérienne; Société générale; Société marseillaise de crédit; British banq of West Africa (le seul institut financier étranger en zône française) : ensemble, une cinquantaine d'annexes.

Puis : des banques locales sont nées.

Banque commerciale; Banque française; Banque industrielle de l'Afrique du Nord; Banque foncière; Banque Mas; Crédit du Maghreb : pour ne citer que celles-là.

Enfin : nous avons vu toute l'importance et le rôle des Caisses mutuelles agricoles et de prêts immobiliers.

*
* *

Dès 1912 la monnaie locale d'argent, le hassani, se trouvait dépréciée.

Le franc français présida bientôt, sous l'égide de notre protectorat, aux transactions extérieures : représenté surtout par du chèque sur Paris.

Le 2 Août 1914 la guerre est déclarée.

Aussitôt : le hassani métal monte; il se cache.

En même temps : il faut payer les denrées indispensables au ravitaillement de la France; la monnaie métropolitaine se trouve immobilisée.

Solution : cours légal au Maroc du billet algérien. Il est décrété par le sultan, dès la mi-août.

Et voilà : la circulation algérienne instituée, sous le poids de la nécessité, dans l'Empire chérifien.

A titre provisoire, sans doute : puisque la Banque d'État

du Maroc jouit d'un privilège exclusif d'émission. Privilège : avalisé par toutes les Puissances signataires de l'Acte d'Algésiras.

Mais la paix signée — les faits économiques ne se réglementent pas à commande instantanée — la circulation algérienne se maintient : sous la vitesse acquise.

Et le billet marocain, né en 1920, entre en dualité avec le billet algérien.

Inconvénient grave : plus de contrôle d'ensemble; l'instabilité du crédit renaît. Les payeurs trouvent trop facilement. Qu'une crise d'affaires provoque un resserrement brusque : ce peut être la catastrophe!

Dans les premiers mois de 1925 : la situation normale est enfin rétablie par une entente entre Banque d'Algérie et Banque d'État du Maroc. Les deux établissements rentrent chacun : dans ses attributions propres; dans ses limites territoriales.

La circulation du billet marocain se trouve couverte par une encaisse métallique : lingots et monnaie d'or; devises en livres sterling et dollars. Au 31 décembre 1926 : deux millions d'une part; soixante-dix d'autre part. Si l'on ajoute : dix millions et demi d'argent et billon; cinquante-sept millions en dépôt au trésor français — c'est une couverture de plus de cent trente-neuf millions.

De 20.000.000 au début — 15 novembre 1920 — la circulation a sauté à : 415.000.000.

Aujourd'hui : les échanges se font encore, dans certaines régions de l'intérieur, sous forme de troc. Pour quelques tribus : le pain de sucre est la monnaie courante.

C'est l'exception.

Le régime monétaire a été fixé pour l'ensemble du pays par dahir du 21 juin 1920.

Le franc marocain est l'unité légale.

Les coupures de la Banque d'État sont de : 5, 10, 20, 50, 100, 500, 1.000 francs.

Pièces en nickel de : 0,25; 0,50; **1** franc.

Pièces en billon de : 0,05; 0,10.

Bénéficiant d'un compte courant au trésor français (accord du 28 Décembre 1921) : le Maroc se trouve à l'abri des secousses du change avec la Métropole.

Condition éminemment favorable : à son commerce avec elle.

****

Les marchandises d'origine étrangère sont frappées à *l'importation :* 10 % de la valeur.

Mais matières précieuses, tissus de soie, vins, liquides distillés, pâtes alimentaires jouissent d'un privilège : 5 % seulement. Ce régime spécial avait été établi dès le 24 Octobre 1892 : par traité entre la France et le Maroc. En vertu du principe de la *porte également ouverte*, admis à Algésiras : il a été étendu à toutes Puissances.

Plusieurs marchandises se voient : prohibées; ou exceptionnellement admises et par autorisations spéciales.

Ce sont : les armes; les munitions; l'opium.

Raisons : d'ordre et d'hygiène publics.

A *l'exportation :* droit spécifique; pour certaines marchandises seulement.

Droit peu élevé.

Sauf pour les céréales : question de ravitaillement intérieur. L'agriculture marocaine ne s'en estime pas moins : lésée. Le protectorat a demandé : réduction du taux.

Un négoce offre au point de vue national : intérêt capital.

C'est : l'algéro-marocain.

Le dahir du 1er Mars 1927 a réduit au minimum ses entraves.

Nouvelle étape : vers la fusion économique de la Colonie avec le Pays protégé.

Un négoce se présente : dans des conditions spéciales.
C'est : le germano-marocain.

Le Traité de Versailles avait laissé liberté entière à l'État chérifien : pour les produits et ressortissants allemands.

Au lendemain de l'accord commercial signé le 17 Août 1927 par la France avec le Reich : un dahir a réglé la question, dès le 1er septembre.

Produits naturels ou fabriqués originaires ou en provenance d'Allemagne : importés librement dans la zone française; soumis aux mêmes droits que tous autres similaires étrangers.

Navires de commerce allemands : admis dans les ports de la zône française. Ils y peuvent : charger ou décharger marchandises; embarquer ou débarquer passagers. Mêmes règlements et mêmes taxes que pour les autres pavillons. Latitude aux équipages : de descendre à terre. Mais seulement : pour la durée de l'escale et pour les besoins du service. C'est une dérogation : aux dispositions des dahirs des 11 janvier 1920 et 15 janvier 1927 fixant le statut général des ressortissants allemands en zone française.

La mise en vigueur du dahir du 1er septembre 1927 est d'ailleurs liée, comme sa durée : à celles de l'accord commercial franco-allemand.

Une particularité à noter dans la réglementation du commerce.

C'est : l'admission en franchise des livres.

Dahir du 5 janvier 1926.

Il s'inspire d'un haut sentiment : de développement scientifique; de vulgarisation de la pensée française.

*
* *

Prospection et exploitation des richesses du sous-sol sont licites.

Mais sous la réserve : de *permis*.

Permis entourés de formalités qui garantissent : droits des explorateurs ou exploitants; intérêts du Protectorat.

La prespection n'a pas encore donné tout ce qu'on attend d'elle (1).

Rien : pour le pétrole.

Rien : pour le charbon. Il en a été trouvé dans le voisinage : à Kenadsa, sur les confins algéro-marocains. Mais c'est hors du Maroc proprement dit.

Gisement important de manganèse : dans le Djebel bou Arfa; à 120 kilomètres N. O. de Figuig. A l'intersection : des hauts plateaux oranais avec les premiers contreforts de l'Atlas. Vérification de la grande loi géologique : plissement de montagne; filons métallifères.

Gîtes de cuivre : vers ce même bassin de Figuig. Découverts d'ailleurs, il y a longtemps déjà, par les Beraber. Et par eux exploités pour les besoins locaux. C'est : en bordure des hauts plateaux, au Djebel Klakh; dans le Djebel Ghals; dans le flanc méridional du Djebel Melias.

Du plomb : là encore. Et dans le Djebel Grouz. Et dans

___

(1) Voir carte n° 2.

le flanc septentrional du Djebel Melias. — Ce n'est pas le seul gisement : on en rencontre un peu partout. Et en Oranie marocaine : à une cinquantaine de kilomètres au Sud d'Oudjda; comme entre Berguent et Debdou, dans le Djebel Mekam. Et en région saharienne du Sud-oranais marocain : vers Bou Denib, à Rich. Et dans la vallée de la Haute Moulouya. Et dans le grand Atlas : au Sud de Marrakech. Enfin dans le petit massif du Djebilet : chez les Rehamna, au Nord de Marrakech.

Gîte d'étain : près d'Oulmès.

Gîte de molybdène : région d'Amizmiz.

L'exploitation se présente dès 1926 comme il suit :
— manganèse, 250 ouvriers, 2.500 tonnes;
— cuivre, 150 ouvriers, 500 tonnes;
— plomb, 2.500 ouvriers, 2.500 tonnes;
— étain et molybdène, 100 ouvriers, 50 tonnes;
— phosphates, 4.500 ouvriers, 885.000 tonnes.

Les phosphates méritent mention toute spéciale.

Un vaste gisement de phosphate de chaux s'étend sous le plateau des Ouled Abdoun : entre Oued Zem et Ben Ahmed (1).

Son centre : Kourigha. A 100 kilomètres Sud-Est de Casablanca.

Livraison : 8.000 tonnes seulement en 1921. Elle s'est élevée à 80.000 : dès 1922. Puis, ascension extra-rapide : 200 milliers de tonnes en 1923; 450 en 1924; 700 en 1925; près de 900 en 1926 (2).

---

(1) Voir Carte n° 2.

(2) Le million a été atteint au cours de 1927. Il sera largement dépassé. Principaux acheteurs : Hollande; Danemark; Europe centrale; Nord de l'Espagne. Le Protectorat veille avec un soin scrupuleux : à sauvegarder les intérêts phosphatiers de l'Algérie et de la Tunisie.

Développement facilité par la création de l'*Office chérifien des phosphates*.

Un dahir du 19 janvier 1914 avait stipulé que : les phosphates ne pourraient être exploités que par adjudications publiques; sur périmètres et pour durée fixés par un cahier des charges.

Les recherches effectuées en 1918 et 1919 donnèrent de tels résultats : qu'on reconnut indispensable de réglementer méthodiquement la prospection. D'autre part : l'exploitation des phosphates offrait un intérêt vital pour le développement agricole et commercial du Maroc.

Alors : monopole.

C'est le dahir du 27 janvier 1920 qui le crée : « La re-« cherche et l'exploitation des phosphates sont exclusive-« ment réservées au Maghzen. »

Autre dahir : du 7 août. Il institue l'organisme nécessaire au jeu du monopole : l'Office chérifien des phosphates. Conseil d'administration : cinq hauts fonctionnaires dont le Secrétaire général du Protectorat, Président; un conseiller technique; un directeur général; quatre représentants de l'agriculture, du commerce et de l'industrie (un Européen et un indigène pour chacune de ces deux grandes branches de l'activité économique).

Dotation initiale : 36 millions prélevés sur l'emprunt de 744 millions du 17 août 1920.

Ouverture des travaux : autorisée par décret du 2 Novembre 1920.

Administration et comptabilité : autonomes.

Tout le personnel : intéressé aux bénéfices.

Fonds de réserve : 10 % de ces bénéfices.

Les sommes restant disponibles vont : aux recettes ordiniares du budget de l'État.

Compte rendu périodique de gestion et rapport général annuel : au gouvernement chérifien.

***

Une importante usine de superphosphates a été installée à Casablanca.

Capital : huit millions de francs.

Livraison annuelle : cinquante mille tonnes.

Manifestation industrielle : intéressante; susceptible de développement.

Le Maroc est un pays essentiellement agricole.

Son industrie est modeste.

Le nombre des établissements ne s'en est pas moins élevé : de 157 en 1918, à 615 dès 1924 (dernier recensement connu de l'auteur).

Et les capitaux investis : de 40 millions à 250 millions.

Sont à citer :

— les industries alimentaires. — Minoteries : à Casablanca, Rabat, Fez, Meknès, Safi. Dans l'ensemble : plus de 100.000 quintaux de farine et semoule par mois. — Des boulangeries mécaniques : une cinquantaine. — Fabriques de glace, limonades, eaux gazeuses. — Huileries : là où l'olivier a le plus grand rendement; à Marrakech (2.200.000 pieds dans la région); à Fez (800.000); à Meknès (500.000). — Conserves et salaisons : Fedhala; Mazagan; Safi; Casablanca. — Une brasserie à Casablanca : 5.000 hectolitres par mois; la bière commence à s'acclimater dans le Sud;

— l'industrie du bâtiment. — L'aménagement du pays a été son aiguillon. — Fabriques de chaux et de ciment. A celle des Roches Noires, dans Casablanca même, 25.000 et 12.000 quintaux par mois de chacun de ces deux produits. — Briqueteries : Fedhala; Salé;

— l'industrie du bois : 128 établissements. Fabriques de meubles : à Casablanca, Fez, Rabat, Marrakech, Meknès; dans toutes agglomérations importantes;

— l'industrie métallurgique. Elle naît. Son avenir est limité. Le charbon fait défaut dans le pays : importation de 27.000 tonnes en 1918, 170.000 tonnes en 1926. Quelques ateliers assez importants créés par les grosses firmes françaises : charpentes métalliques; chaudronnerie; tôlerie; ferronnerie d'art.

Mention spéciale pour les industries indigènes.

C'est le tapis : Casablanca; Rabat; Meknès; Fez. Tapis berbère : Haut et Moyen Atlas.

C'est la céramique et le plâtre sculpté : Safi; Fez; Meknès; Marrakech. Travail de la pierre tendre : Rabat; Salé.

C'est le bois : charpentes ouvragées; meubles d'art.

C'est le cuir : tanneries à Rabat; Fez; Marrakech. Coussins de cuir brodé et reliures.

C'est enfin : le tissu, couvertures et haïks, pour les besoins locaux; la bijouterie, particulièrement appréciée des touristes.

****

Caravanes, camions, trains amènent dans les ports : toutes marchandises destinées à l'exportation.

Caravanes, camions, trains emmènent : toutes marchandises importées.

Dans ces ports : vastes entrepôts.

Dans les grandes villes de l'intérieur : vastes entrepôts également.

Les négociants en gros s'approvisionnent dans ces entrepôts.

Avec leurs achats ils remplissent : les grands magasins des villes; les *fondouks* ou entrepôts intermédiaires constitués de-ci de-là dans les campagnes.

Les négociants en demi-gros ou au détail s'approvisionnent : dans ces magasins; dans ces fondouks.

Ils revendent leurs achats et ils achètent les produits
du pays : sur les *souks*.

Le souk.

C'est le marché et le forum.

Là s'échangent : les produits; les nouvelles; les idées.

Réunion hebdomadaire : le jour de semaine choisi lui
donne son nom, accolé parfois à celui de la tribu..... Souk
el Khemis, souk du Jeudi..... Souk el Tleta Sehoul, souk du
Mardi chez les Sehoul..... etc.

Officiers d'approvisionnement et Officiers de renseigne-
ment de nos postes s'y rendent régulièrement.

Les souks se sont fixés aux carrefours naturels des
échanges : comme limaille de fer à l'aimant.

Ils constituent : dix régions économiques à travers tout
le Maroc (1).

1° La Chaouïa.

Pays : de grande production agricole.

Lieu de trasit : entre Casablanca et Marrakech; entre
Mazagan et le Moyen Atlas.

Marchés : *Casablanca ; Settat ; El Boroudj ; Ben Ahmed ;
Fedalah ; Boulhaut ; Boucheron ; Ber-Rechid.*

2° Le Gharb.

Riche : en blé et en orge; en élevage.

Le lien : entre zone espagnole et Chaouïa; entre zone
espagnole et bassin de Meknès—Fez; entre ce bassin et
les ports de Rabat, Kénitra, Salé.

---

(1) Voir Carte n° 2.

Marchés. Dans le Gharb proprement dit : *Mechra bel Ksiri, Ouezzan, Arbaoua, Souk el Arba*. Dans la plaine du Sebou et région côtière : *Petitjean, Dar bel Amri, Rabat, Salé, Kénitra*. Dans la zone Sud (tribus Zemmour et Zaer) : *Tiflet, Tadders, Khémisset, Oulmès, Marchand*.

3º Les **Doukkala.**

Contrée : de céréales et vignes; de chameaux, chevaux, ânes, bœufs et moutons.

Trait d'union : entre Mazagan et Safi.

Marchés : *Azemmour ; Mazagan; Sidi ben Nour*.

4º Les **Abda.**

Grenier : d'orge et de maïs. Célèbre par : ses porcs et ses chèvres; sa volaille et ses œufs.

Trait d'union : entre Safi et Mogador; entre ces ports et Marrakech.

Marchés : *Safi ; Sahim ; Guezoula*.

5º Le **bassin Meknès—Fez.**

Lin; chanvre; oliviers; amandiers; orangers; citronniers; figuiers. Schistes bitumineux. Jumenteries; autrucheries.

Carrefour : des chevaux et moutons allant du Moyen Atlas vers le Maroc oriental; des madriers et cèdres ayant même destination, ou laissés sur place, ou transportés jusqu'au Gharb et Ouezzan; des vins arrivant d'Oranie par le couloir de Taza.

Marchés : *Fez ; Meknès ; Aïn Chkef ; Cheraga ; Moulay Bouchta ; Marnissi ; Zrarka ; Taza ; Sefrou*.

6º Le **Moyen Atlas.**

Chêne-liège et chêne-vert; cèdre; thuya; caroubier. Chaux-plâtre et ardoise.

Carrefour : entre l'Extrême Sud et le Nord du Maroc. Les dattes du Tafilelt (Ksar es Souck) et de l'Oued Draa (Darka el Glaouï) s'y croisent avec les grains du Gharb et de la Chaouïa ; les amandes, noix, huiles du Grand Atlas (Tareknath), même du Petit Atlas (Tizert), avec les cotonnades, sucre, thé, allumettes, venant de la côte ou d'Algérie et transitant par le Tadla ou le bassin Meknès-Fez.

Marchés : *Azrou ; Khenifra ; Kasbah el Maghzen ; Kseibat.*

7° Le **Tadla**.

Céréales ; pois chiches ; oliviers et figuiers. Bœufs ; moutons ; chèvres. Phosphates.

Le pont : entre Chaouïa et Moyen Atlas.

Marchés : *Oued Zem ; Boujad ; Kasbah Tadla.*

8° L'oasis de **Marrakech**.

Palmiers ; orangers ; citronniers ; amandiers. Lin et chanvre. Iris roses. Élevage et remonte.

Carrefour des caravanes : amenant vers la côte, au plus près, Mogador et Safi, le plomb, le cuivre, le zinc et le fer du Grand Atlas ; apportant au Grand Atlas les marchandises importées par ces deux ports avec les grains de l'Abda.

Marché : le réputé *Souk el Khemis* à *Marrakech* même ; *Demnat ; Amismiz.*

9° Le **Sous**.

Le maïs et l'arganier. Oliviers et amandiers. Du cuivre.

Transit : entre le Maroc et le Soudan. De Mogador et Agadir, par Tizert dans le Petit Atlas, jusqu'à Tombouctou. C'est surtout par Mogador que s'écoulent les produits de la région : huile d'olive (celle d'argan est consommée sur place) ; peaux, poils, laines ; cire ; safran.

Marchés : *Mogador ; Taroudant ; Agadir ; Et Tnin ; Tassila.*

10° Le **Maroc oriental**.

Orge. Dattes et figues. Alfa. Manganèse ; cuivre ; plomb. Charbon (Kenadsa).

Le débouché sur la mer est orienté vers Oran : **par**

Oudjda au Nord; par Figuig au Sud. Transit continental :
celui du Nord, vers Fez par Taza; celui du Sud vers
Meknès, par Kasbah el Maghzen.

Marchés : *Oudjda; Guercif; Taourirt; Msoun; Debdou;
Matarfa; Figuig* et *Bou Denib.*

***

Lors de la Conférence d'Algésiras, le chiffre d'affaires
annuel du Maroc s'élevait, avons-nous dit, à : cent millions de francs.

Il a atteint en 1926 : quatre milliards quatre cents millions (1), dont deux milliards quatre cent millions à l'exportation.

Marchandises les plus importantes :

— à l'importation. Le sucre pour 270 millions; les tissus
de coton 260; le thé 110; la houille 50; trois mille auto-
mobiles pour soixante dix millions de francs.

— à l'exportation. Les œufs pour 120 millions; les phosphates 110; les laines 80; le blé 70; les amandes 50.

-----

(1) D'après une statistique de presse : 3.300.000.000 en 1928, dont
1.300.000.000 à l'exportation. Il n'est pas stipulé que le commerce par la
frontière orientale soit compris dans ces chiffres. Ceux donnés pour 1906 et
1926 comportent : et le front de mer; et le front de terre.

DES PORTS, ROUTES, VOIES FERRÉES

Malgré l'abondance de ses ressources, le Maroc, avant sa mise en œuvre par la France, est une masse inerte : comme un corps sans artères.

Pas de routes.

De simples pistes. S'enchevêtrant les unes dans les autres, elles forment de véritables labyrinthes : on s'y perd vite si l'on ne connaît pas le pays à fond.

Peu ou pas de ponts.

Dans toute sa randonnée de Tanger à Taza par Tétouan et Fez, puis par Meknès vers le Tadla, Demnat, enfin à travers le Sous, le Vicomte de Foucauld en a compté : cinq.

Sans routes ni ponts: les transports sont difficiles.

Ils se font : exclusivement, à dos de chameau ou de mulet.

Prix élevé : 0^f 70 ou 1^f 45 par tonne et par mille, suivant que l'un ou l'autre de ces animaux est employé.

Prix majoré : par les nombreux péages à payer sur chemins et sur gués; par les escortes indispensables, et insuffisantes souvent encore, contre le vol et le pillage.

Les ports?

Ils sont les plus défectueux du monde.

La côte est inhospitalière.

Cependant : aucune digue de protection contre les flots.

Et ces refuges peu sûrs : l'apathie du maghzen les a laissé ensabler tant par les marées que par l'apport limoneux des fleuves.

Les ports.

La zone française compte : huit ports; tous sur la façade Océan Atlantique (1).

Sur ces huit ports : cinq avaient un certain trafic en 1906.

Ils se classaient comme suit :

— Casablanca	300	navires	210.000	tonnes;	
— Mazagan	260	—	190.000	—	;
— Mogador	160	—	140.000	—	;
— Safi	100	—	70.000	—	;
— Rabat-Salé	60	—	40.000	—	;
Total :	880	navires	650.000	tonnes.	

Pour les trois autres ports, Méhédya—Kénitra, Fédhala, Agadir : trafic nul ou insignifiant.

Dès 1912 : une Commission d'ingénieurs français visite la côte. Elle établit : des propositions d'amélioration.

En 1913 : le Service des travaux publics du Protectorat arrête le **programme** des travaux.

Programme poursuivi sans désemparer : dans la limite des circonstances de guerre; dans toute la mesure des crédits disponibles et des possibilités industrielles.

---

(1) Voir carte n° 2.

Grandes lignes.

Achever le port de Casablanca : où une jetée de couverture avec épi, deux quais ou *darses* se trouvent déjà amorcés avec quelques terre-pleins.

Percer la barre du Sebou à Méhédya; améliorer son cours entre Méhédya et Kénitra; aménager le port intérieur de Kénitra.

Creuser la barre du Bou Regreg à Rabat-Salé; développer et perfectionner le port.

Créer un port à Fédalah.

Construire un port à barcasses avec amorce d'extension à Safi.

Travaux secondaires : aus ports à barcasses de Mazagan, Mogador, Agadir.

Réalisation.

Casablanca. — Programme de 1913, abri de cent cinquante hectares en eaux calmes : exécuté dès 1925. Ce port constitue alors un excellent refuge contre lequel les tempêtes les plus violentes demeurent impuissantes. — A achever : quais; môles; terre-pleins. A prolonger davantage encore : la grande jetée pour amplifier l'abri. — Au 31 Décembre 1927 : 1.700 mètres de quais; grand môle du commerce avec 800 mètres de longueur sur 180 de large; deux postes spéciaux pour les phosphates; 250.000 mètres carrés de terre-pleins; grande jetée prolongée jusqu'au point 2.250. Aménagement répondant à un trafic possible de plus de deux millions de tonnes;

Méhédya—Kénitra. — Percement de la barre et amélioration du cours de l'Oued Sebou à achever. — Quai en ciment armé : de 500 mètres. 45.000 mètres carrés : de terre-pleins;

Rabat-Salé. — Ouverture par dragage d'un chenal sur la barre du Bou Regreg : à terminer. — Quais et terre-pleins : suffisants pour les besoins du moment;

Fédalah. — Port : ouvert dès le 1er mars 1924. Intéressant : le commerce, mais tout particulièrement la pêche. Programme initial de digues, avec utilisation des deux îlots de la rade : exécuté. Programme additionnel : amorcé.

Safi. — Le petit port-abri à barcasses décidé en 1913 et prévu dans le détail en 1920 : achevé dès 1926. — Jetée principale : à prolonger. Dragages : à poursuivre. Appontements pour barcasses : à achever. Outillage : à compléter.

Mazagan et *Mogador.* — Petit port à barcasses exécuté. Perfectionnements : comme ci-dessus.

Agadir. — Jetée de 200 mètres; petit quai avec terre-plein. Installation : très sommaire encore; insuffisante. Trafic : à peu près nul.

En 1927 les ports se classaient comme il suit :

— Casablanca	1.800	navires	2.000.000	tonnes	;
— Kénitra	300	—	180.000	—	;
— Mazagan	260	—	210.000	—	;
— Safi	200	—	150.000	—	;
— Rabat	160	—	90.000	—	;
— Mogador	150	—	91.000	—	;
— Fedalah	130	—	70.000	—	;
Total :	3.000	navires	2.791.000	tonnes,	

Six fois plus de navires et près de dix fois plus de tonnes qu'en 1906 : à Casablanca.
Mouvement total : trois fois et demi plus intense.
Tonnage total : quatre fois et demi plus fort.

Sur les 3.000 bâtiments : 1.340 français; 380 espagnols; 340 anglais; 100 italiens; 640 de nationalités diverses.

Le classement, lors d'Algésiras, et pour ces ports seulement, donc Tanger Terouan Larache mis à part, était : pavillon britannique 260, allemand 210, français 200, espagnol 156, italien 4 (1), autres 50.

Dans le classement de 1927 ci-dessus : ne figure aucun bateau allemand. Le dahir du 1er Septembre n'avait pas encore joué au moment où il a été établi : officiellement tout au moins. Le chiffre relativement élevé, 640, pour les nationalités diverses peut comporter un certain nombre de navires allemands (2).

Les routes.

La France a fait un effort admirable pour la création et le développement du réseau routier (1).

A chacun des emprunts successivement contractés : routes, chemins de colonisation, pistes ont eu leur part et une large part. 1914 : 36.250.000 francs sur 170 millions. 1916 : 35 sur 72. 1920 : 60 sur 744.

Chaque année le budget chérifien a affecté aux ponts et chaussées une somme considérable : 66.185.520 francs en 1927. Aucun effort n'a été ménagé : pour le bon entretien du réseau (plus de 9.000 francs par kilomètre sur les routes principales et de 6.000 sur les routes secondaires); pour la signalisation, les plantations et la protection des chaussées; pour leur goudronnage (plus de 3.000.000).

---

(1) L'augmentation du trafic italien — de 1906 à 1927 il saute de 4 navires à 100 — est à remarquer. Deux raisons. D'abord : les relations commerciales entre Italie et Maroc ont pris un développement considérable. En outre : une escale de paquebots transatlantiques de fort tonnage a été créée à Casablanca, avec lignes nouvelles desservant l'Afrique occidentale. Le gouvernement italien soutient par des primes l'effort des compagnies privées; activité politique autant qu'économique.

(2) D'après une statistique de presse, en 1928, l'Allemagne aurait : importé au Maroc 29.330 tonnes (France 461.654); exporté du Maroc 368.044 tonnes (France 518.923).

(3) Voir Carte n° 2.

L'ossature du réseau a été fixée dès 1914.

La *route des ports :* suivant la côte de Mogador à Kenitra—Méhédya par Safi, Mazagan, Casablanca, Fedalah, Rabat—Salé. Soit : 450 kilomètres.

La *route de pénétration :* de Rabat à Fez, par Kénitra et le Zegota. 250 kilomètres.

L'*éventail de Marrakech* sur : Casablanca 250; Mazagan 190; Safi 180; Mogador 170.

Programme : à demi réalisé dès fin 1915; complètement achevé en 1925.

Première extension : décidée en 1916.

La *route algéro-marocaine :* de Fez à Lalla Marnia par Taza et Oudjda. Soit : 370 kilomètres.

La *route directe Rabat—Meknès :* 140.

La route *Chaouïa—Tadla :* de Casablanca (Ber Bechid) à Kasbah Tadla par Oued-Zem et Boujad : 160.

Programme : très avancé dès fin 1919; réalisé au 31 Décembre 1925.

Deuxième extension : décidée en 1920.

Les *embranchements de la route algéro-marocaine.* D'Oudjda à la mer (Saïdia) : 60. D'Oudjda à Berguent : 80.

La *jonction Centre-Sud :* de Meknès à Marrakech par Khenifra et Kasbah Tadla. 300.

La *pénétration méridionale :* de Mogador à Taroudant par Agadir. 270.

La *pénétration du Gharb.* — De Rabat à Tanger : jusqu'à la frontière franco-espagnole, El Ksar el Kebir, par le poste du Sebou, Souk el Arba du Gharb, Arbaoua; 150. — De Souk el Arba du Gharb à Ouezzan : 45.

La *liaison directe Rabat Tadla :* par Marchand et Oued Zem; 95.

Programme : poussé très loin dès fin 1925.

Manquaient alors : 25 kilomètres à Oudjda—Berguent; 80 à Meknès—Marrakech; 150 à Mogador—Taroudant. Tout le reste : achevé.

En 1926 et 1927 : effort particulièrement porté sur Meknès—Marrakech et Mogador—Taroudant (Mogador—Agadir fait dès fin 1926).

Dernières extensions : décidées postérieurement à 1920.
Routes d'accès au bac du Bou Regreg, tour de Fez-Nord, ceinture de Meknès : achèvement ou amélioration; une vingtaine de kilomètres.
De *Petitjean à Souk el Arba du Gharb :* 65.
De *Fez à Sefrou :* amélioration; 35.
De *Fez à l'Ouergha :* jusqu'à Fez et Bali; 85.
De *Meknès à la Haute Moulouya :* jusqu'à Timhadit ;100.
Programme achevé au 31 Décembre 1925 sauf : 50 kilomètres pour Petitjean—Gharb; 20 pour Fez—Ouergha.
Puis :
Fez-Ouezzan ; Tissa-Ouergha ; Marrakech—Telouet par Zerekten; *Fez el Bali—Aïn Aïcha ; Meknès—Petitjean ; Tiflet—Oulmès.*
Réseau complémentaire : achevé ou en voie d'achèvement.

Toutes **routes** énumérées ci-dessus sont : *principales.*
Elles comportent : près de 4.000 kilomètres; dont plus de 3.000 construits.

Les *secondaires*, non citées, représentent un parcours de 1.500 kilomètres : dont plus de 1.000 construits.

Les voies ferrées[1].

Le chemin de fer est le moyen de transport sûr.
Il est établi : solidement sur le sol; stable; permanent

______

(1) Voir Carte n° 2.

Son emploi journalier est possible, quelles que soient : la saison ; les intempéries.

Il offre : une grande capacité de chargement.

Il est : rapide.

C'est un puissant outil de civilisation.

La locomotive se heurte parfois : à la prévention ou à l'hostilité des tribus. Au fur et à mesure qu'elle avance : elle recrute de nouveaux partisans.

Outil stratégique également.

Il permet : la prompte concentration des forces sur les points utiles ; les ravitaillements et évacuations.

Ce précieux instrument économique, cet outil de pénétration et de défense : les Allemands ne nous le concédèrent qu'au compte-gouttes.

Par le traité du 4 Novembre 1911 : ils reconnaissent notre protectorat. Mais ils stipulent : qu'*il ne sera constitué qu'un réseau de 0*^{m}*60*. Pas même : la voie d'un mètre. Elle est cependant généralement admise pour des besoins purement stratégiques.

Et la lettre-annexe jointe à l'accord précité spécifie : « Le gouvernement allemand compte également : que la « mise en adjudication du chemin de fer de Tanger à Fez, « qui intéresse toutes les nations, ne sera primée par la « mise en adjudication des travaux d'aucun autre chemin « de fer. »

Cette ligne Tanger—Fez se trouve d'ailleurs grevée d'une servitude.

Il faut : nous entendre avec l'Espagne.

Car le traité franco-allemand du 4 Novembre 1911 a été suivi : du traité de Fez par lequel, le 30 mars 1912, le Sultan accepte notre protectorat ; du traité franco-espagnol par lequel, le 27 Novembre 1912, est organisé un régime analogue dans la zòne d'influence de l'Espagne au Nord du Maroc (1).

Et, sur une centaine de kilomètres : la voie doit traverser la sphère espagnole.

C'est par un protocole annexé au traité du 27 Novembre 1912 que la question est réglée.

Étude préalable d'un tracé : par les deux gouvernements intéressés; chacun dans sa zone.

Concession à une seule compagnie chargée : des études définitives; de la construction; de l'exploitation.

Capital : 60 % français; 40 % espagnol.

Conseil d'administration : neuf Français; six Espagnols. Un seizième membre d'une autre nationalité (la ligne comporte quatorze kilomètres en zone tangéroise) peut être admis. Cela : sur accord commun de la France et de l'Espagne.

Possibilité de rachat : par chacun des deux gouvernements pour sa section; une fois la mise en exploitation totale assurée.

Le 18 mars 1914 : la concession est donnée à la *Compagnie franco-espagnole du chemin de fer de Tanger à Fez.*

Siège social : Meknès.

Et les travaux sont entrepris : au cours même de la guerre.

Sa victoire sur l'Allemagne ayant levé la servitude de voie étroite pour l'ensemble du réseau marocain, la France s'est empressée :

— de remplacer la voie de $0^m 60$ par la voie normale, partout où elle était utile;

---

(1) La zòne espagnole demeure placée sous l'autorité civile et religieuse du Sultan. L'Espagne s'engage à n'aliéner, ni céder sous aucune forme, même à titre temporaire, ses droits sur tout ou partie des territoires constituant sa zone d'influence.

— de développer le réseau à voie normale ainsi créé sur les grandes artères;

— de prolonger les voies étroites et d'en créer de nouvelles, suivant les besoins de la pacification et de la colonisation.

De sorte qu'actuellement les chemins de fer du Maroc comportent :

1º la ligne Tanger—Fez. Compagnie franco-espagnole;

2º le réseau normal. Confié tout entier à la *Compagnie des chemins de fer du Maroc*. A la suite d'un accord entre gouvernement chérifien et compagnies qui avaient construit, puis exploité, les premiers chemins de fer à voie étroite : Compagnie générale du Maroc, Paris-Lyon-Méditerranée, Paris-Orléans. Contrat : passé le 29 juin 1920; approuvé par la loi du 20 Août de la même année. Société anonyme au capital de : 50.000.000;

3º le réseau étroit. En régie autonome : aux soins du gouvernement chérifien. Dès le 1er Janvier 1921 il avait pris à sa charge les dépenses. Elles étaient antérieurement supportées par le Département de la Guerre. Budget propre à la régie : recettes d'exploitation; subventions éventuelles du Protectorat.

***

LIGNE TANGER—FEZ.

Situation au 31 Décembre 1925.

Dans la zone française : les 111 kilomètres de Fez à Petitjean, construits et exploités; sur les 92 kilomètres de Petitjean à la frontière espagnole, 59 en exploitation (jusqu'à Souk el Arba), 33 en construction.

Dans la zone espagnole : les 92 kilomètres en construction; ainsi que les 14 de zone tangéroise et les 5 de raccordement à gare et port de Tanger.

Travaux de 1926-1927.

Continuation de la construction espagnole et tangéroise.
Ouverture à l'exploitation des tronçons français :
Petitjean — Ksiri (début de 1926); Ksiri — Souk el
Arba (1er juillet 1926).
Ouverture générale de la ligne Tanger—Fez : en 1927.

Activité en 1926.

    766.923 : voyageurs transportés;
 63.913.745 : tonnage kilométrique brut;
 21.738.889 : tonnage kilométrique utile;
 14.700.000 : recettes brutes (approximatives).

****

RÉSEAU NORMAL.

Situation au 31 décembre 1925.

Petitjean—Kénitra : les 85 kilomètres en exploitation;
Kénitra—Casablanca : les 128 kilomètres en exploita-
tion;
Kénitra—Souk el Arba : les 80 kilomètres à l'étude;
Casablanca—Marrakech : sur les 245 kilomètres, 73 en
exploitation (jusqu'à Settat), 172 en construction;
Ber Rechid—Oued Zem : les 120 kilomètres en exploi-
tation;
Fez—frontière algérienne : les 338 kilomètres à l'étude;
Casablanca-ville—Casablanca maritime : les 8 kilomè-
tres en exploitation.

Travaux de 1926-1927.

Équipement électrique de : Rabat—Casablanca; Ber
Rechid—Kouriga (fin 1926). Mise en marche : février 1927;

Achèvement de la ligne : Casablanca—Marrakech (fin 1927);

Continuation des études : Fez—Oudjda.

Activité en 1926.

    944.287 : voyageurs transportés;
453.587.578 : tonnage kilométrique brut;
187.196.822 : tonnage kilométrique utile;
  45.400.000 : recettes brutes (approximatives).

*
* *

Réseau étroit.

Situation au 31 décembre 1925.

Sud
- Casablanca—Marrakech : les 284 kilomètres en exploitation;
- Casablanca—Mazagan : les 103 kilomètres en construction;

Centre
- Rabat—Tiflet—Khémisset : 74 kilomètres en exploitation; 20 en construction.
- **Meknès—Azrou** : 40 kilomètres en exploitation; 60 **en construction**.

Gharb
- Kénitra—Ouezzan : les 158 kilomètres en exploitation;
- Souk el Tleta—Mechra el Ader : les 54 kilomètres en exploitation;
- Aïn Defali—Aïn Aicha : 63 en exploitation; 20 en construction; 37 à l'étude.

Oriental
- Oudjda Fez : les 401 kilomètres en exploitation;
- Guercif-Ksabi : 180 en exploitation; 35 **en** construction; 25 à l'étude.

Travaux de 1926-1927.

Ouverture à l'exploitation de : Rabat—Khémisset prolongée jusqu'aux mines de Mehdinet, 44 kilomètres; Aïn Defali à Aïn Aïcha prolongée de M'Jara à Fez el Bali, 13 kilomètres; Guercif—Misour prolongée jusqu'à Ksabi, 55 kilomètres (1926).

Continuation des constructions (1927).

Recettes en 1926 (trois premier trimestres)

Voyageurs. . . . .   4.123.044 **fr.**
Messageries, bagages 330.171
Marchandises . { Guerre. 16.026.628
{ Commerce 10.842.238
{ Construction 739.980

***

Le **réseau ferré marocain** est à la veille de son achèvement.

IL COMPORTE :

— 314 kilomètres pour le *Tanger—Fez.*
— plus de 1.000 kilomètres pour les *voies normales ;*
— plus de 1.500 kilomètres pour les *voies étroites.*

SON ÉCONOMIE GÉNÉRALE :

1º Trois voies normales :
— *la grande artère algéro-marocaine :* Oudjda—Marrakech par Fez, Meknès, Petitjean, Kénitra, Rabat, Casablanca;
— *le rattachement tangérois :* Tanger—Souk el Arba du Gharb; de là deux embranchements vers la grande artère, d'une part jusqu'à Petitjean, d'autre part jusqu'à Kénitra.

Bec de canard dont les deux piqûres relient Tanger : d'un côté avec l'oasis de Marrakech par la côte Atlantique; de l'autre avec l'Algérie par le bassin Meknès—Fez;

— *la ligne des phosphates :* Casablanca (Sidi el Aïdi)—Oued Zem.

2º Des embranchements à 0ᵐ 60 :

— d'*intérêt militaire ;*

— d'*intérêt local.*

ÉVOLUTION SOCIALE

DES ÉCOLES

Avant d'entrer au Maroc les armes à la main, la France y avait pénétré par l'école.

Au moment même où le grand homme d'État vosgien (1) jetait les assises de notre empire colonial et créait chez nous l'enseignement obligatoire.

De 1882 à 1888, création d'écoles franco-arabes : à Fez, au cœur même du pays ; à Ksar el Kebir et Arzila, aujourd'hui en zône espagnole.

Quelques années plus tard : la *medersa* de Tanger était placée sous le double patronage de la Légation de France et du Comité de l'Alliance française. Habilement dirigée par un Algérien originaire de Tlemcen : elle comptait bientôt quatre-vingts élèves, puis plus d'une centaine... pas davantage faute de locaux assez vastes.

Enfin, en 1903, à Tanger également : fondation d'une école française pour les Européens. Treize Français, huit Espagnols, un Anglais, un Israélite s'y inscrivent. Lors de la Conférence d'Algésiras : une cinquantaine d'étudiants y suivaient régulièrement les cours.

Si modestes soient-ils, ces débuts sont intéressants.

Ils caractérisent l'œuvre scolaire que la France, maîtresse du Maroc, accomplira (2).

------

(1) Jules Ferry.
(2) Voir Carte nº 1.

La *Direction générale de l'instruction publique*, créée dès 1912, réalise en effet :
— l'enseignement européen ;
— l'enseignement musulman ;
— l'enseignement israélite.

*
* *

C'est notre organisation universitaire et ce sont nos programmes officiels qui président à l'**enseignement européen.**
Organisation et programmes adaptés au milieu.

Les établissements SUPÉRIEURS et SECONDAIRES sont rattachés à la Direction générale.

Les établissements PRIMAIRES se trouvent placés sous le contrôle d'inspecteurs. Ils se répartissent entre six circonscriptions : Rabat ; Casablanca ; Marrakech ; Fez ; Oudjda ; Tanger.

Aux programmes français viennent s'ajouter : l'arabe usuel ; les notions pratiques indispensables ; les connaissances d'intérêt local nécessaires.

L'activité intellectuelle est orientée nettement vers : l'utilité.

Ainsi : les établissements supérieurs — limités jusqu'à nouvel ordre à des cours et répétitions pratiques ; le pas vers les Facultés n'a pas été franchi — sont avant tout des organes de recherches et d'investigations. — Dans le domaine littérature, sur : langue arabe ; langue berbère ; religion islamique ; droit coranique ; géographie et histoire du Maroc. Tel est le programme de l'*Institut des hautes études marocaines :* créé en Avril 1920. — Dans le domaine scientifique, sur : géologie, minéralogie, météorologie, hydrologie, botanique, parasitologie, zoologie, anthropologie ; toutes ces branches envisagées essentiellement à un point

de vue local. Tel est le programme de l'*Institut scientifique chérifien :* organisé en Mars 1921. Centre très vivant
d'étudiants. Il prête ses laboratoires aux nombreux spécia-
listes et amateurs que groupe : la *Société des sciences naturelles du Maroc*.

Ainsi encore : les *lycées et collèges de garçons* à Rabat,
Casablanca, Oudjda, Tanger, les *lycées et collèges de filles*
installés dans les mêmes localités, les *cours mixtes* de Fez
et de Meknès, préparent leurs élèves aux épreuves du bac-
calauréat (1). Mais : à côté et au-dessus de la dogmatique,
les connaissances utiles sont inscrites au fronton de tous
programmes. Là aussi : la science pratique a le pas sur l'enseignement proprement dit.

Ainsi enfin : pour les établissements primaires. Que
trouve-t-on : dans tous les *groupes scolaires* des villes (2);
aux *écoles supérieures* de Fez, Meknès, Oudjda; dans
presque toutes les *écoles,* même les plus modestes des centres de colonisation? On trouve : un jardin; un atelier de
préapprentissage; un petit muséum; bureau commercial;
bibliothèque; stade sportif. Et chez les filles : cuisine;
buanderie moderne; atelier de couture.

Inutile d'ajouter que cette orientation nettement pratique de l'enseignement primaire assure gros recrutement :
aux *écoles* ou *cours professionnels proprement dits.* Ils sont
installés dans les villes principales. — Mais l'effort a porté
essentiellement sur : l'*École industrielle et commerciale de
Casablanca.* C'est un modèle : de personnel spécialisé; d'outillage perfectionné. Aujourd'hui dotée: d'une *section agricole.* Là viennent se former : ouvriers du bois et du fer;
mécaniciens; électriciens; dessinateurs; conducteurs de
travaux; comptables; apprentis colons. Préparation assurée : aux écoles françaises d'arts et métiers; aux instituts
électro-techniques; à l'École centrale. — Deux *écoles mé-*

---

(1) Deux sessions annuelles à Rabat.
(2) Ils comptent jusqu'à dix classes et se répartissent par quartier. A elles
seules, les écoles primaires de Casablanca reçoivent plus de 6.000 enfants.

nagères et professionnelles de filles méritent d'être citées : celle de Rabat; celle de Casablanca.

L'activité scolaire?

Lycées et collèges de garçons : 2.000 élèves.
Lycées et collèges de filles : 1.400.

Écoles primaires de garçons : 8.000. — Dont : 4.500 français, 2.200 espagnols, 1.000 italiens, 300 divers.
Écoles primaires de filles : 7.500. — Dont : 4.300 françaises, 2.000 espagnoles, 950 italiennes, 250 diverses.

Enseignement primaire supérieur : 400 (1) dont 250 filles.

Enseignement professionnel : près de 500 élèves à l'École ndustrielle, commerciale et agricole de Casablanca; 150 dans les écoles de métiers de Rabat et Tanger; même chiffre pour les écoles ménagères de filles à Rabat et Casablanca.

*
* *

A la tête de l'enseignement musulman : un CONSEIL SUPÉRIEUR, présidé par le grand vizir, vice-présidé par le Directeur général de l'instruction publique.
Conseil supérieur assisté : de CONSEILS DE PERFECTIONNEMENT pour les établissements les plus importants; de COMITÉS DE PATRONAGES pour les écoles ou groupes scolaires.
Partout : le DÉLÉGUÉ DU GRAND VIZIR a voix au cha-

____

(1) Le succès des écoles primaires supérieures de Fez et Meknès qui en un an ont vu doubler le nombre, soit de leurs élèves, soit des adeptes aux cours complémentaires, a décidé : un essai à Marrakech.

pitre. Habile disposition; très logique d'ailleurs. Elle contribue : au recrutement de la population scolaire indigène.

L'organisation comporte :

— un enseignement populaire. Écoles *primaires : rurales et urbaines ;*

— un enseignement professionnel. — Sur les quatorze écoles : dix pour les *métiers européens du fer et du bois*, dont une particulièrement bien outillée à la Ferme blanche près Casablanca; quatre à Salé, Mogador, Marrakech, Safi, pour les *métiers d'art indigènes*, ébénisterie, maroquinerie, céramique. — L'enseignement *agricole* est donné dans les écoles primaires rurales : une section pratique d'agriculture n'en a pas moins été annexée au Collège musulman de Fez;

— un apprentissage relevant du *Service des arts indigènes* à la Résidence et d'un *Office des métiers* créé à Rabat en 1922;

— un enseignement secondaire. Ce sont : des *écoles de fils de notables*, dans les villes principales; des *collèges musulmans* à Fez et Rabat. Les premières correspondent : aux classes élémentaires de nos Lycées. Les seconds comportent : cycle d'études de six ans, moitié françaises, moitié arabes, de sciences modernes et islamiques; d'un niveau égal, puis supérieur, à notre certificat d'études primaires; d'un caractère encore nettement pratique, mais néanmoins avec le souci d'une culture générale développée;

— un enseignement supérieur. — Durée : trois années. — *Deux sections :* une *administrative;* une *littéraire.* Elles se rattachent : à l'École des hautes études marocaines de Rabat.

L'enseignement des filles acquiert difficilement droit de cité dans l'Afrique du Nord.

La femme musulmane n'est-elle pas un objet de première utilité qui ne doit sacrifier : ni à la Science; ni à l'Art?

C'est précisément en nous plaçant sur le terrain utilitaire que nous avons pu constituer un petit contingent scolaire indigène féminin. Écoles ménagères : pour les filles de notables. Écoles professionnelles : pour les filles de la classe populaire.

L'enseignement privé n'a pas disparu.

Assuré aux frais des particuliers ou des communautés, il comporte : les *msid*, petites écoles où les enfants apprennent le Coran; les facultés installées dans les mosquées. A Fez : c'est la réputée université de Karaouiyne. Plusieurs *médersas*, ou maisons d'étudiants l'entourent.

Là : notre action ne s'exerce que par une large bienveillance.

Les établissements privés sont d'ailleurs dévoués à la cause française.

*
* *

C'est la guerre qui a amené la France à s'occuper directement : de l'enseignement israélite.

L'Alliance israélite, qui avait à tâche depuis de longues années déjà l'éducation physique, intellectuelle et morale des juifs marocains, ne pouvait plus recruter que difficilement : un personnel enseignant suffisant.

Le Protectorat prit alors la mission à son compte.

A côté ou à la place des *écoles de l'Alliance*, furent créées des *écoles franco-israélites*.

Mais la tendance actuelle est de laisser l'Alliance, qui jouit d'une grosse influence dans les milieux israélites du Maroc, recouvrer toute son action d'antan.

La nôtre sera limitée à : subventions du Protectorat;
contrôle de la Direction générale de l'Instruction publique.

L'enseignement israélite comporte simplement :
— des écoles primaires, vers lesquelles c'est une véritable ruée;
— quelques cours complémentaires ou professionnels.

Huit mille enfants, dont 4.500 filles, y participent.

DES JURIDICTIONS

Par le traité signé avec la France le 4 novembre 1911, l'Allemagne avait explicitement accepté : l'abrogation du régime capitulaire, réglementé à la Conférence internationale de Bruxelles en 1880.

Toutes les Puissances ayant reconnu le traité franco-allemand : les capitulations étaient définitivement mortes.

Nécessité donc pour nous : de créer de nouvelles juridictions.

C'est le dahir du 12 Août 1913 qui a organisé la justice française dans le Protectorat.

Dahirs complémentaires ont suivi sur : procédure criminelle; procédure civile; assistance judiciaire; obligations et contrats; immatriculation des immeubles.

C'est le fruit du travail : d'un magistrat, M. Landry, procureur de la République à Oran, chargé d'établir les avant-projets; d'une commission de jurisconsultes, présidée par l'éminent Professeur Louis Renault, chargée de la mise au point.

Aux côtés de cette justice française, jouent :
— les juridictions indigènes;
— une justice rabbinique;
— des institutions coutumières berbères.

*
* *

Une Cour d'appel.

Quatre Tribunaux de première instance.

Onze Tribunaux de paix.

Telle est : l'ossature de la justice française (1).

La Cour d'appel siège à Rabat.

Elle connaît : de tous jugements de première instance non rendus en dernier ressort, ou non susceptibles de l'être.

Sous la censure : d'une Cour de Cassation.

Les Tribunaux de première instance fonctionnent à : Casablanca; Rabat; Oudjda; Marrakech (2).

Ils connaissent : de tous jugements des tribunaux de paix non rendus en dernier ressort; en premier et dernier ressort, des actions personnelles et mobilières de 3.000 à 5.000 francs; en premier ressort, au delà.

Les Tribunaux de paix sont installés : 2 à Casablanca; 2 à Rabat; 1 à Oudjda, Fez, Meknès, Mazagan, Safi, Mogador, Marrakech.

Ils connaissent : de toutes actions personnelles et mobilières jusqu'à 3.000 francs; sans appel jusqu'à mille francs et avec charge d'appel jusqu'à 5.000 pour transports et voyages; sans appel jusqu'à mille francs et avec appel sans limite pour les conflits du travail.

Compétence des tribunaux français.

Elle s'exerce à l'égard :
— des Français;
— des anciens protégés français;

---

(1) Voir carte n° 1.

(2) Un tribunal de première instance, devenu indispensable dans la région Meknès—Fez, est envisagé. Création : soit à Meknès; soit à Fez.

— des Étrangers et anciens protégés étrangers, qui jouissaient jadis du régime capitulaire.

Pas de tribunaux de commerce.
Pas de tribunaux administratifs.

Affaires commerciales et administratives : sont portées devant les tribunaux civils.

Justice répressive.

Elle joue : à l'égard des ressortissants français et étrangers énumérés plus haut.

Elle joue en outre : à l'égard des sujets marocains : pour le crime seulement et pour le crime commis au préjudice des ressortissants, justiciables des tribunaux français.

Action publique : dirigée par des parquets avec un procureur commissaire du gouvernement à leur tête (1); exercée par des tribunaux de police et correctionnels.
C'est: l'organisation en vigueur en France.

***

Le dahir du 4 Août 1918 a réglementé : les juridictions indigènes.
Il confirme : le pouvoir judiciaire du sultan; la délégation par lui donnée aux cadis (causes civiles, commerciales, immobilières, de statut personnel relevant de la loi islamique), aux caïds et pachas (affaires pénales; en commun avec le cadi, causes civiles ou commerciales ne touchant pas à une question immobilière ou de statut personnel).

---

(1) Sous l'autorité d'un procureur général : comme en France.

Nous avons vu dans l'organisation du maghzen chérifien : la création d'un véritable Ministère de la Justice.

Ajoutons : l'institution récente de deux cours supérieures. Ce sont : le haut tribunal chérifien qui relève du grand vizir et connaît en appel des jugements rendus par les pachas (municipalités) et les caïds (tribus); le tribunal de *Chraâ*, relevant du vizir de la Justice et saisi des appels sur jugements des cadis.

Les juridictions indigènes sont boiteuses.

Caïds et pachas ne sont-ils pas essentiellement fonctionnaires administratifs : délégués du Maghzen central chérifien dans les villes et les campagnes? Alors : leur confier des attributions juridiques est contraire à la norme. Il n'y a là qu'une tradition locale. Devant les inconvénients du système : elle doit disparaître. C'est l'opportunité du moment qu'il faut habilement discriminer.

Une commission spéciale, nommée le 30 Mars 1927, étudie : séparation des pouvoirs; nouvel aménagement des compétences chérifienne et française.

*
* *

Deux dahirs du 27 Mai 1918 ont consacré officiellement et réglementé la justice rabbinique.

Les tribunaux spéciaux, qui lors de notre installation au Maroc réglaient les contestations relatives au statut personnel ou aux successions des israélites, se trouvent ainsi dotés : d'un régime régulier.

Au-dessus d'eux : un haut tribunal rabbinique. Il est chargé : des appels.

*
* *

Les institutions coutumières, en vigueur depuis des siècles chez les Berbères, ont été respectées par le Protectorat.

Dans ces tribus, intervient, à côté du *chraâ* musulman :
l'*izef* ou la coutume.

Là : le caïd a la même compétence que partout ailleurs
en matière pénale.

Mais en matière civile, ce sont les *djemaa* (conseils mu-
nicipaux des douars et assemblées de tribus ou fractions
de tribus) qui connaissent : de toutes questions de statut
personnel ou successoral, ou immobilier.

UNE ASSISTANCE PUBLIQUE

Avant le Protectorat, avant même Algésiras, la France s'est ingéniée : à suppléer à l'incurie complète du maghzen en matière d'assistance publique.

Dans l'empire chérifien : jamais on n'avait songé à créer quelque asile ou quelque hôpital.

Un seul refuge pour les malheureux, les infirmes, les malades et les fous : les dépendances de la mosquée; les marabouts. Là, ils vivaient : d'offrandes de fidèles compatissants; livrés sans remèdes à leur mal.

Dès 1864 : fondation d'un hôpital français à Tanger. Tous nos compatriotes ou marocains y sont admis gratuitement. Consultations trois fois par semaine : aux indigents d'autres nationalités.

Quelques années plus tard : création, encore à Tanger, d'un dispensaire français. Là : tout musulman trouve soins et médicaments gratuits.

En 1890, des médecins algériens installent à Mogador : un lazaret, où ils se prodiguent.

Enfin à partir de 1900, deux associations de bienfaisance, la Société française de secours et la Société algérienne de secours : prennent à Tanger un développement considérable.

*
* *

La France a organisé au Maroc :
— l'assistance aux vieillards et incurables;
— les secours aux familles nombreuses;
— les primes à la natalité;
— l'hygiène et la santé publiques.

Pour les *vieillards et incurables*.

Les Européens ne trouvent encore aucun asile sur le territoire chérifien. — L'hospitalisation des incurables ne s'en fait pas moins : à Marseille; à Bordeaux; à Toulouse; à Alger (sourds-muets). Au total : une soixantaine, dont 40 aliénés. — Les vieillards indigents ont leur refuge : dans les hospices du Midi de la France, ou en Algérie.

Quant aux indigènes : leur admission a été réalisée dans des établissements spéciaux, à caractèrc religieux. Vestige de l'ancienne coutume : mosquée ou marabout. Pour les cas graves d'aliénation : évacuation sur l'hospice de Marseille. Bientôt, un asile d'aliénés fonctionnera à Ber Rechid : auprès du centre d'expertises neuropsychiâtre.

Pour les *familles nombreuses*.

Règle appliquée : celle de la loi française du 22 Juillet 1923. Bien qu'impérative seulement pour la Métropole.

Près de cinquante mille francs ont été distribués en 1926 à deux cents familles.

Pour la *natalité*.

115 primes représentant plus de quinze mille francs ont été distribuées cette même année 1926.

Taux adopté en 1927 : 150 francs pour le troisième enfant.

Allocation : sur demandes; preuve faite de ressources modestes.

Pour l'*hygiène et la santé publiques*.

Entente absolue : entre service de santé militaire et service de santé civil. Ils marchent de pair : en pays non encore complètement pacifiés et en pays organisés. Non seulement : pour les ressources et le matériel. Encore : pour l'hospitalisation. Enfin et surtout : pour la prophylaxie, tout particulièrement importante au Maroc.

Le Directeur de la Santé est assisté : d'un Conseil central

de salubrité publique. Il puise là : les techniciens qu'il délègue dans les villes ou les tribus. — Dans chaque région, il y a : le Médecin de région, appuyé lui-même sur le Conseil régional d'hygiène.

Au 31 Décembre 1926 : 135 médecins dont 94 civils et 41 militaires assuraient le service médical d'assistance. — Dix hôpitaux ou grandes infirmeries indigènes; une douzaine d'infirmeries de moyenne importance; plus de cent infirmeries rudimentaires. Des dispensaires de consultations gratuites dans les grandes villes avec cliniques de prophylaxie spéciale. Six sections sanitaires mobiles portent jusqu'au cœur des tribus : soins; médicaments; mesures d'hygiène.

Tous Européens bénéficient de l'assistance médicale indigène. Ils peuvent être hospitalisés dans les formations sanitaires de campagne. Partout où ils ne jouissent pas comme dans les villes d'établissements spéciaux : pavillons particuliers ou chambres séparées leur sont réservés.

Quelques chiffres illustreront l'effort fourni. En 1926 : près de 40.000 hospitalisations; près de 600.000 journées; deux millions et demi de consultations; 450.000 vaccinations.

La protection de la première enfance mérite mention spéciale (1). Gouttes de lait très fréquentées, à : Rabat; Casablanca; Fez; Meknès; Oudjda; Marrakech; Kénitra. A Rabat : un centre de puériculture modèle. Dispensaires d'enfants : dans les grandes villes; à Fez et Marrakech près de cinq mille consultants par mois. Chaque année le Protectorat accorde à ces différents établissements de larges subventions : en 1926, 736.000 francs.

---

(1) Voir Carte n° 1.

CONCLUSION

LES CONFINS ALGÉRO-MAROCAINS

C'est l'Oranie.
C'est le Sud-Oranais.
C'est le Sahara.

Dans quelle mesure ces confins algéro-marocains ont-ils bénéficié du coup de baguette magique donné par la France au Maroc?

Dans quelle mesure sont-ils susceptibles de consolider l'œuvre?

****

De la Moulouya au Cheliff (1), entre côte méditerranéenne et Hauts Plateaux, s'étendent des territoires fertiles dont le débouché naturel sur la mer est Oran : l'Oranie (2).

Le pays présente dans toute son étendue le même caractère géographique. Il est habité par des tribus de même origine. Province romaine (3) ou royaume arabe (4), cette région eut toujours pour limite politique à l'Ouest : la vallée de la Moulouya.

Malgré son unité géographique, ethnique, historique, l'Oranie a été brisée en deux : par le traité signé le 18 Mars

---

(1) Embouchure à 50 kilomètres au Nord-Est de Mostaganem.
(2) Voir Carte n° 1.
(3) Mauritanie césarienne.
(4) Royaume de Tlemcen.

1845 avec le Maroc; au lendemain de la bataille de l'Isly, une victoire française pourtant! Frontière : baie d'Adjeroud; ruisseau du Kiss; puis ligne conventionnelle aboutissant à Teniet el Sassi. Elle laisse à la France : Nemours; Lalla Marnia; el Aricha. Elle donne au Maroc : tout l'amalat d'Oudjda.

Lors de la Conférence d'Algésiras, se dressent donc, l'une en face de l'autre : une Oranie française; une Oranie marocaine.

La fertile Oranie française, riche en vins et en céréales, est une véritable ruche d'activité. Treize cents kilomètres de chemins de fer la sillonnent (1). Sa capitale, le port d'Oran, réalise une navigation de quatre millions de tonneaux.

L'Oranie marocaine est non moins fertile : céréales poussent abondamment dans les plaines; vignes dans les vallées (2). Mais elle est pauvre. Pauvre parce que le travail se trouve paralysé par l'anarchie. La culture fait quelque effort : c'est en vain. Depuis plusieurs années : bandes armées du Rogui et du Maghzen se trouvent là en présence. Rarement : elles se battent. Mais souvent : elles razzient. De commerce : peu ou point. Les modestes pistes dont dispose le pays ne se voient même plus parcourues par des troupeaux de bétail : ressource principale, jadis, avec vente sur le marché français de Lalla Marnia!

Aujourd'hui : le coup de baguette magique a opéré pour l'amalat d'Oudjda, comme pour le reste du Maroc.

L'ordre y règne. Le travail y a été ressuscité. Le sol se couvre : de champs de blé, d'orge, d'avoine. Les marchés de Guercif, Taourirt, Debdou, Berguent, sont en pleine activité. Des routes, des chemins de fer sillonnent les val-

---

(1) Voir Carte n° 1.
(2) Voir Carte n° 2.

lons. La grande artère algéro-marocaine s'anime : de Taza
à Lalla Marnia par Oudjda.

Et qui recueille, en dernière analyse, le bénéfice de cette
vie nouvelle?
Oran.

Administrativement : Oranie algérienne et Oranie marocaine demeurent séparées.

Économiquement : elles se ressoudent. Elles suivent ainsi
la loi géographique qui commande leur commune destinée.

Vers leur débouché naturel sur la mer : convergent les
produits d'exportation. C'est aussi de là qu'arrivent : marchandises et denrées d'importation nécessaires à leur population.

Le mouvement de la navigation dans le port d'Oran est
particulièrement probant à cet égard.

En 1906, alors que l'Oranie marocaine ne compte pas :
4.013.063 tonnes.

En 1913, alors que l'Oranie marocaine compte peu —
c'est à l'aube du Protectorat — et que l'achèvement des
travaux d'agrandissement en cours depuis dix ans permet
déjà au port sa pleine exploitation : 7.642.757 tonnes.

En 1927, alors que l'Oranie marocaine compte réellement, avec une production amplifiée, avec des besoins
aiguisés par la prospérité : 16.282.517 tonnes (1).

Soit : deux fois plus qu'en 1913; quatre fois plus qu'en
1906 !

*
* *

----

(1) Chiffres extraits de l'*Exposé des travaux de la Chambre de Commerce
d'Oran :* mis aimablement à la disposition de l'auteur par le Président de
la Chambre, M. Hernandez. — Heintz Frères. Oran, 1928.

A l'Oranie si fertile succède un hinterland inculte. Mais là : les tombes de nos soldats ont marqué de glorieuses étapes !

C'est le Sud-Oranais .

Il se prolonge : au Sud-Ouest jusqu'au Tafilelt; au Sud-Est jusqu'au Touat (1).

D'abord : les Hauts Plateaux.

Immenses espaces : recouverts d'alfa; sans culture; avec de rares villages. Leur morne solitude n'est troublée que par des troupeaux de moutons : ils paissent sur de maigres pâturages sous la garde de quelque Arabe mélancolique et résigné. Ou encore : par quelque caravane de chameaux. Paysage égayé parfois : par le bond gracieux des gazelles dont le poil blanc miroite au soleil.

Puis : la région saharienne des *Ksour*.

Là : de larges coulées de sable, encadrées de hauteurs rocheuses, s'étendent à perte de vue. A l'horizon, sous la lumière resplendissante du ciel, la mer — ironie du mirage — semble apparaître! Plus d'alfa. Mais : de tout petits arbres en boule, ou bétoums; du thym; du driss; de rares pâturages. De loin en loin : un point d'eau. L'oasis y est née : avec sa palmeraie; avec son Ksar aux maisons souterraines, dominé parfois par le minaret de quelque vieille mosquée.

Au Sud de la région des Ksour : une vallée ouvre la route du Touat.

C'est l'Oued Zousfana, prolongée par l'Oued Saoura, dénommée enfin Messaoura.

Comme l'Oranie, le Sud-Oranais possède une frontière naturelle.

---

(1) Voir Cartes 1, 2, 3.

La moyenne et haute Moulaya : pour les Hauts Plateaux.

L'Oued Guir : pour les Ksour.

Frontière naturelle qui n'a pas été mieux respectée que celle d'Oranie.

Les articles 4, 5, 6 du traité de délimitation de 1845 la saccagent : comme à plaisir.

Ils tracent une vague démarcation entre Algérie et Maroc : leurs dispositions confuses s'appuient sur des considérations arbitraires ou mensongères. Pour y souscrire, notre négociateur, le Comte de la Rue, devait être totalement ignorant de la géographie et de l'histoire du pays !

L'article 4 proclame : pour les Hauts Plateaux, pas de limite territoriale à établir. « La terre ne se laboure pas et « sert seulement de pacage aux Arabes qui viennent y « camper pour trouver les eaux et les pâturages qui leur « sont nécessaires. »

Suit l'énumération : des tribus rattachées à la France; des tribus rattachées au Maroc, dont la grande famille des Beni Guil.

Classification : purement arbitraire; souvent illogique. Elle ouvre pour nous : une ère de luttes énervantes avec les tribus; de difficultés sans cesse renaissantes avec le Maghzen.

Premier exemple : les Ouled Sidi Cheick. Ils sont coupés en deux : les Gharaba au Maroc; les Cheraga à la France. A peine le traité signé : rivalité entre les deux fractions; puis combat. Il nous faut soutenir nos sujets : les Cheraga. Ils se déclarent mal secondés : ils se révoltent. Nécessité d'obtenir leur soumission.

D'autres exemples. — Des fractions des Mehaïa, attribuées au Maroc bien qu'en relations depuis des siècles avec nos tribus algériennes, viennent s'offrir à nous. — Les

Hamyan Djenba ont, eux aussi, été donnés au Maroc :
bien qu'ayant toujours nomadisé entre Aïn Sefra et Mecheria ; malgré que tous leurs autres frères Hamyan soient
laissés dans notre sphère d'influence. Ils se proclament
sujets français en 1850. Le sultan les réclame à plusieurs
reprises : notamment en 1876. Ils prennent part contre
nous à la grande insurrection de 1881. Pacification faite,
ils abandonnent leurs terres presque tous pour rentrer sur
notre territoire : 650 tentes sur 800.

L'article 5, relatif à la région des Ksour, est-il plus
heureux ?

Nullement.

Là encore : point de frontière tracée. Simple répartition des Ksour entre France et Maroc.

Répartition arbitraire : Iche et Figuig qui font partie
du bassin de la Zousfana, sur lesquels le sultan n'a jamais
été capable d'exercer son autorité, sont donnés au Maroc.

Répartition incomplète : il n'est rien dit des tribus no-
mades qui se rattachent aux Ksour. Source de nouvelles
difficultés pour nous. Les tribus nomadisant autour de nos
Ksour ont, la plupart, des points d'attache avec Figuig.
Alors, à la moindre discussion, elles se déclarent soumises
au sultan : il faut combattre pour les ramener sur notre
territoire.

L'article 6 se dispense, pour le pays au Sud des Ksour,
de toute délimitation ou répartition : « Il est sans eau et
inhabitable. »

Audacieux mensonge : l'Oued Zousfana fournit des points
d'eau jusqu'au Touat ; là résident 200.000 Arabes séden-
taires.

Le négociateur marocain est fort bien renseigné. Les
sultans du Maroc n'ont-ils pas fait jadis la conquête du
Touat ? En 1837 : une expédition n'y fut-elle pas encore
dirigée par le Maghzen ?

Ahmida ben Ali a simplement voulu soustraire la région au Sud de Figuig — bien qu'en plein hinterland algérien — à l'influence française. Et le Comte de la Rue a bénévolement accepté le mensonge : *sans eau et inhabitable.*

Les Marocains ont d'ailleurs été pris à leur propre piège. Le traité de 1845 ne déterminant aucune frontière au Sud des Ksour : nous avions toute liberté d'action. En 1899 nous nous sommes installés au Touat : aucune raison juridique n'a pu nous être opposée..... Il en sera reparlé plus longuement dans les pages qui suivent.

Mais tout cet enchevêtrement de tribus et de Ksour, attribués soit à la France soit au Maroc, a fait du Sud-Oranais et pendant plus d'un demi-siècle : un vaste champ de bataille.

Il nous a fallu : réprimer; puis nous couvrir; enfin pacifier.

La répression. — C'est l'insurrection, dès 1845, des Ouled Sidi Cheick Cheraga : le colonel Beauprêtre, première victime d'un long et glorieux martyrologe, tombe au champ d'honneur, près de Géryville. — Nouvelle insurrection en 1864 : le caïd Si Sahraouï, avec son fils Ben Kaddour faisant le coup de feu à ses côtés, donne le premier exemple, qui sera si souvent et si généreusement suivi, de la bravoure, de la brillante conduite des grands chefs militaires arabes ralliés à la France. — En 1870 : situation sérieuse; le général de Wimpffen en triomphe. — En 1879 : ce sont des cavaliers marocains qui attaquent un de nos convois entre Sebdou et el Aricha; la colonne de poursuite vivement conduite par le général Louis contraint Si Ab del Salem Bucas à présenter les excuses du sultan et à payer indemnité. — En 1881 : la grande insurrection fomentée par Bou Amama avec les Ouled Sidi Cheick, Trafi, Eumour, Beni Guil, Douï Menia, Oulad Djerir, amène nos généraux Détrie, Colonieu, Gaud, colo-

nels Coutton et de Négrier : à créer les postes de Mecheria,
Aïn Sefra, Tiout, Aïn ben Khelil. Et Bou Amama, repoussé
de toutes parts, surpris près de Fendi, se réfugie à Figuig.
Puis il se retire à Debdou, en Oranie marocaine. De là : il
intrigue contre nous; il s'efforce d'amener nos tribus à la
dissidence; surtout, se retournant vers la cour de Fez, il
incite le sultan à la conquête du Touat. Pour couper court
à pareille velléité, après plusieurs années d'hésitation, nous
occupons ces riches oasis : fin 1899.

La couverture. — Couverture de notre main-mise sur
le Touat : colonne Bertrand vers Taghit, Avril 1900; colonne Risbourg vers Beni Abbès, Février 1901. — Couverture de la vallée de la Zousfana, ligne de communications de
nos oasis sahariennes : bombardement de Figuig, Juin 1903;
colonne de poursuite vers Bechar—Kenadsa contre Douï
Menia et Oulad Djerir, Juin-Juillet 1903; défense de Taghit,
Août 1903; combat d'El Moungar, Septembre 1903; occupation définitive du Djebel Bechar sur les pressantes instances
du général Lyautey commandant alors la Subdivision d'Aïn
Sefra, Novembre 1903.

La pacification. — C'est l'œuvre du Chef éminent dont
le nom vient d'être cité. Il fait preuve d'une habile et pro-
digieuse activité : en moins d'un an la paix est rétablie sur
toute la frontière.

« Dans les postes, on a installé une force composée d'in-
« digènes du pays, commandés par des officiers et sous-
« officiers français. C'est ainsi qu'avec cette cavalerie si
« rapide et si mobile, avec des compagnies de tirailleurs
« algériens ou de légion étrangère, montées en mulets,
« chargées d'appuyer ces contingents arabes, on est par-
« venu à rétablir la sécurité d'une façon absolue sur les
« 1.200 kilomètres qui séparent l'Algérie du Maroc.

« Pas un soldat tué pendant cette année, sauf quelques
« indigènes isolés tombés sous les coups des bandits. C'est

« la sécurité complète dans ces régions agitées pendant
« soixante-dix-ans. Les grandes tribus, celles qui ont refusé
« jusqu'ici de dépendre du maghzen ou du sultan, les Beni
« Guil dont vous avez si souvent entendu parler, les Douï
« Menia, qui pendant longtemps ont été si redoutables, les
« Oulad Djerir, toutes ces tribus — le tout récent et si
« utile voyage de M. Jonnart l'a établi — viennent succes-
« sivement demander à la France de vouloir bien accepter
« leur soumission, de les aider désormais et de les pro-
« téger.....

« Le général s'est présenté à elles en ami. Il leur a dit :
« Je viens à vous pour vous aider à sortir de la situation
« misérable dans laquelle vous vous trouvez. Quand vous
« aurez de malheureuses récoltes, quand vous serez mal-
« traités, adressez-vous à moi : je viendrai vous soutenir.
« Vous avez besoin de charrues? Les voici. Vous avez be-
« soin de vous instruire? Voici des écoles (1). »

Le Maréchal Lyautey a réalisé une autre pacification.
Plus grandiose encore : celle du Maroc.

Et cette pacification-là : c'est la couverture, enfin sûre
et certaine de notre Sud-Oranais.

Voilà le bénéfice qu'a assuré, là, aux confins algéro-
marocains : le coup de baguette magique.
Ouled Sidi Cheick Cheraga et Ouled Sidi Cheick Gharaba, fractions des Mehaïa, fractions des Hamyan peuvent
être encore administrativement séparés. En fait : ils vivent
en paix les uns avec les autres, comme avec la grande
famille des Beni Guil. Toutes ces tribus se trouvent aujour-
d'hui rangées sous un même drapeau : suivant la loi

---

(1) Discours prononcé à la Chambre des Députés dans la séance du 10 novembre 1904 par M. Étienne, député d'Oran, le grand apôtre de la colonisation française.

ethnique qui commande leur commune destinée. Et ce drapeau : c'est celui de la France.

Pourtant.

Des drames se déroulent encore douloureux dans ce Sud-Oranais; vers ces Ksour sahariens de la Zousfana; sur cette route du Touat... arrosés déjà de tant de sang français !

Sans doute...

Mais le martyrologe cessera...

Il prendra fin, le jour où sera tombée : la dernière servitude marocaine du Grand Atlas.

Le jour : où l'ultime repaire des brigands, le quadrilatère de dissidence Oued el Abid, Oued Draa, abords du Rio de Oro espagnol, Tafilelt, sera définitivement réduit (1).

Mais il y a aussi : bénéfice secondaire.

C'est : le bienfait économique.

Le Sud-Oranais est inculte, ou à peu près inculte (2).

Chose entendue.

Mais, il se trouve situé entre la riche et fertile Oranie au Nord, le Tafilelt au Sud-Ouest et le Touat au Sud-Est, ces deux derniers pays relativement peuplés, producteurs l'un et l'autre d'orge, de dattes, de henné. Alors, le Sud-Oranais n'en est pas moins : un pays de transit important.

Figuig, de tout temps, a servi de point de passage, ou de réunion, ou de dislocation : aux caravanes assurant le

---

(1) Voir le chapitre de l'*Évolution politique*, consacré au : *Protectorat affranchi.*

(2) En certains points céréales, mais suffisant à peine aux besoins de la région.

troc entre Maroc septentrional, Ouest algérien, Oasis sahariennes et Soudan.

Son marché — depuis le bombardement de Juin 1903 —
s'est ouvert pour nous : à Beni Ounif de Figuig.

Là : sont venues — depuis la pacification du Sud-Oranais algérien par le général Lyautey — les caravanes des
gens d'Aïn Chair, celles des Oulad Djerir et des Douï
Menia, même celles des Beni Guil. Elles amènent pour la
vente : moutons et chameaux. Elles rentrent dans leurs
campements : chargées de blé, semoule, sucre, café, thé,
cotonnades.

Ces caravanes, les locales comme les plus lointaines,
deviennent chaque jour plus nombreuses, plus importantes.
Cela grâce : au Sud-Oranais marocain pacifié; au Maroc
septentrional mis en pleine valeur.

Bénéfice : pour les confins.

Bénéfice : pour leur débouché naturel; donc une fois
encore, pour le port d'Oran.

Enfin le Sud-Oranais marocain, soumis à la même loi
orographique et géologique que le Sud-Oranais algérien,
est comme lui un pays minier.

Les mines du département d'Oran, Bab'Mteurba, Se-
babna, Dar Rih, Baroud, Sidi Safi, Maaziz, Gar Rouban,
Messila, Kenadsa, ont produit en 1927 :

— 619.590 tonnes de minerai de fer pour   41.694.225 **fr.**
—   765 tonnes de minerai de zinc et
              plomb pour. 532.250
— 1.204 tonnes de pétrole pour. . . .   1.042.664
— 21.269 tonnes de houille pour. . . .   3.828.420

642.828 tonnes au total pour. . . .   47.097.559 fr. (1)

____

(1) Chiffres extraits de l'*Exposé des travaux de la Chambre de Commerce
d'Oran*, déjà cité.

Les mines du Protectorat n'en sont pas toutes encore là.
Mais elles se développent. — C'est le manganèse : des puits
au Sud d'Oudjda (850 tonnes); du Djebel bou Arfa (1.200
tonnes), à 120 kilomètres Nord-Ouest de Figuig. C'est le
plomb gîté : à 50 kilomètres Sud d'Oudjda (1.100 tonnes);
au Djebel Mekam (600 tonnes), entre Berguent et Debdou.
C'est encore le plomb : de Rich vers Bou Denib; de la
vallée de la Haute Moulouya; du Djebel Grouz et du
Djebel Melias de Figuig. C'est enfin : le zinc du Djebel bou
Dahar, au Nord de Bou Denib; le cuivre de Klakh et du
Djebel Ghals de Figuig.

Le débouché de tout ce minerai du Sud-Oranais marocain?

Pour celui des Hauts Plateaux du Nord, la grande
artère algéro-marocaine Oudjda—Lalla Marnia : vers Oran.

Pour celui des Hauts Plateaux du Sud et du bassin de
Figuig, le chemin de fer à voie étroite — emprunté également
par le minerai et la houille du Sud-Oranais algérien —
Bechar, Beni Ounif de Figuig : vers Oran.

Nouveau bienfait : pour les confins algéro-marocains.

Nouveau bienfait : pour le port d'Oran.

*
* *

Le Sud-Oranais algérien et le Sud-Oranais marocain ont
un hinterland commun.

C'est le Sahara.

Le Sahara : célèbre par son aridité.

Le pays est aride.
Mais cette aridité n'est que relative.

Relative : car à côté de ses pôles de répulsion — la dune
trop étendue, ou à grand relief, ou mobile, et le *Tanezrouft,*

désert absolu sans végétation, sans le moindre animal —
le Sahara offre un pôle d'attraction : l'oasis.

Ilot de verdure qui naît et se développe : là où il y a
de l'eau.

Car il y a de l'eau au Sahara.

Oh! Elle est rare dans l'ensemble. Et pourtant il pleut
chaque année sur le désert. Mais la pluie se trouve loca-
lisée. Les averses, si abondantes soient-elles, et souvent
elles s'abattent en tornades, ne recouvrent jamais qu'une
superficie assez restreinte.

Tombée du ciel, l'eau ruisselle. — Sur le sol imperméable
— de roche ou d'argile durcie par la sécheresse — du Tanezrouft, elle s'évapore totalement. — Sur le sol assez per-
méable — calcaire ou granitique — de certaines Ham-
mada (tel est le nom générique du domaine rocheux ou
semi-rocheux), elle s'infiltre. Mais : en petite quantité.
Elle glisse alors sous l'écorce jusqu'à un barrage d'argile
ou de roche qui l'arrête en quelque thalweg. Là : se forme
un réservoir souterrain qui alimentera les puits. En ces
régions : réservoirs peu nombreux et à faible débit. — Sur
le sable, l'eau s'infiltre en très grande partie. Aussi dans
certains Erg (tel est le nom générique du domaine sablon-
neux), qui sont favorisés par les averses : réservoirs sou-
terrains — ou même parfois à ciel ouvert, car il leur arrive
de percer le sol — nombreux et abondants. Les nappes
d'eau les plus importantes — souterraines ou artificielles
— sont captées. Souvent : ingénieusement utilisées et au
prix de travaux considérables. Ce sont : des conduites,
dites foggara, dont le débit peut atteindre deux mille litres
à la minute; ou des puits artésiens qui donnent jusqu'à
quatre mille litres.

Près de ces foggaras, près de ces puits : naît et se développe l'oasis.

Là : les Sahariens se rassemblent, formant des agglomérations plus ou moins denses. Ils cultivent : principalement le
dattier; et, sous ses ombrages, des produits variés. C'est : le

blé; l'orge; la vigne; le melon; la courge. A la mesure : de leurs propres besoins et de ceux des tribus voisines.

Le plus important de tous ces groupements est : le Touat. Il comprend : au centre, le Touat proprement dit, bordant l'Oued Messaoura sur une longueur de 200 kilomètres, avec Adrar, Tamentit, El Ahmar, El Meharra, 80.000 habitants; au Nord, le Gourara, avec sa vaste *sebkhat* salinière, ses douze groupes d'oasis, 100.000 habitants, deux millions de palmiers, et sa capitale Timimoun; au Sud le Tidikelt, au pied du Tadmaït, avec 20.000 habitants, sa capitale In Salah, la ville sainte, jadis le refuge des Touaregg Hoggar en cas de danger.

Si l'on trace le méridien de l'embouchure du Kiss, frontière entre Algérie et Maroc, on trouve le Touat : entièrement à l'Est.

Le sultan n'en a pas moins agi à plusieurs reprises ; comme si ces oasis étaient dans son hinterland. Réminiscence peut-être : de la conquête du pays au XVIe siècle, par Moulay Achmed !

Après le massacre de la mission du Lieutenant-Colonel Flatters, déjà à la recherche d'un itinéraire pour le Transsaharien, au puits de Tadjenout dans le Grand Erg oriental en Janvier 1881 : des émissaires du Touat viennent demander protection à Fez. D'abord : refus du sultan. Mouley Hassan hésite à entrer en compétition avec nous. Mais bientôt : il envoie à son tour des émissaires au Touat. Il y nomme même : des agents chargés de recueillir l'impôt.

Protestation immédiate de notre Ministre à Tanger : contre cette nomination d'agents du Maghzen dans un pays sur lequel le Maghzen n'a aucun droit.

Le traité de 1845, signé avec le Maroc au lendemain de notre victoire de l'Isly, ne comportait : aucune délimitation au Sud des Ksour de la Zousfana et du Guir.

Nous avions donc : les mains libres.

Les intrigues de Bou Amama, cherchant au lendemain de sa défaite de 1882, à lancer le sultan vers le Touat, attirent notre attention.

En 1890, par la convention du 5 août, nous obtenons de l'Angleterre : la reconnaissance explicite de notre absolue liberté d'action dans la région.

Quelques années d'hésitation encore. Puis, fin 1899 : l'occupation est décidée.

Les événements se précipitent.

Envoi d'une mission scientifique et pacifique, dirigée par le Professeur Flament. Le goum d'escorte du Capitaine Pein est attaqué le 28 Décembre. Brillante et héroïque résistance. Puis le 29 : enlèvement d'In Salah où est hissé le drapeau tricolore et où s'installe la mission (1).

Mais In Rhar se fortifie. La colonne du Lt-Colonel d'Eu, lancée le 24 Février 1900, conquiert la ville le 19 Mars en un fougueux assaut. Puis : elle soumet tout le Tidikelt.

En Avril-Mai : la colonne du Colonel Menestrel parcourt le Gourara et entre à Timimoun.

En Août : le général Servière reconnaît, avec une audace bien française, le Touat proprement dit. On occupe ce pays à l'automne.

Mais en 1901, événement grave : l'intervention des Beraber.

Escomptant la faiblesse de nos postes récemment installés, poussée peut-être par les émissaires du sultan, cette puissante tribu quitte son *blad ès siba* et se met en marche : vers le Touat.

Son blad ès siba : c'est la région du Sud marocain comprise entre Oued Ziz, Oued Dadès, Oued Draa, Tafilelt (2).

----

(1) Voir Carte n° 3.
(2) Voir Carte n° 1.

C'est le fameux redan de dissidence qu'aujourd'hui il nous faut encore réduire pour faire tomber la dernière servitude du Protectorat.

Le 18 Février, secondés par les habitants de Charouin et Telmin, les Beraber assaillent furieusement : le bordj de Timimoun. Une sentinelle donne l'alarme. La garnison se lance aux remparts. Mais : elle subit de lourdes pertes; elle lutte difficilement.

Le Chef de Bataillon Reibell sauve la situation : par une vigoureuse contre-attaque de ses tirailleurs.

Les Beraber se retirent. Ils laissent cent cadavres sur le terrain et emmènent leurs deux cents blessés : sur un millier de combattants.

La colonne Servière apprend le 20 février, à Adrar, l'attaque de Timimoun. Elle se lance à la poursuite.

Elle atteint Charouin, où elle livre deux durs combats : le 27 Février et le 2 Mars.

Puis elle se porte sur Telmin, où s'engage une nouvelle affaire : le 9 Mars.

Sévèrement éprouvés, les Beraber rentrent au Maroc : ils regagnent leur blad ès siba du Grand Atlas.

Entourés comme ils le sont aujourd'hui, par nos officiers de renseignements qui bordent le front du Moyen Atlas, le front de l'Oued Draa, le front du Tafilelt, les Beraber oseraient-ils jamais tenter pareille incursion vers nos oasis sahariennes?

A coup sûr : non.

Et voilà encore : un bienfait décisif dont le coup de baguette magique a gratifié les confins algéro-marocains!

***

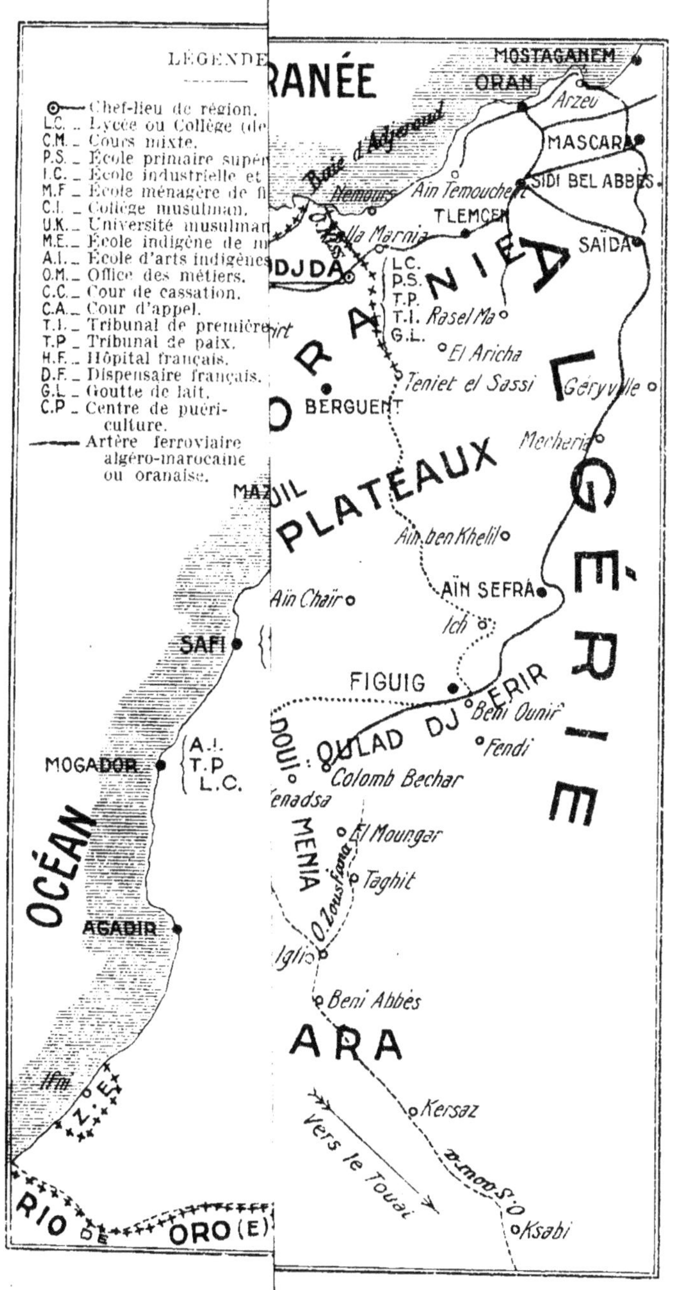

LÉGENDE
Chef-lieu de région.
L.C. _ Lycée ou Collège (de
C.M. _ Cours mixte.
P.S. _ École primaire supér
I.C. _ École industrielle et
M.F _ École ménagère de fi
C.I. _ Collège musulman.
U.K. _ Université musulman
M.E. _ École indigène de m
A.I. _ École d'arts indigènes
O.M. _ Office des métiers.
C.C. _ Cour de cassation.
C.A. _ Cour d'appel.
T.I. _ Tribunal de première
T.P _ Tribunal de paix.
H.F. _ Hôpital français.
D.F. _ Dispensaire français.
G.L. _ Goutte de lait.
C.P _ Centre de puéri-
        culture.
Artère ferroviaire
algéro-marocaine
ou oranaise.

RANÉE
Baie d'Agnoud
MOSTAGANEM
ORAN
Arzeu
MASCARA
Nemours
Aïn Temouchent
SIDI BEL ABBÈS
TLEMCEN
ORANIE
ALGÉRIE
Ouella Marnia
DJDA
SAIDA
L.C.
P.S.
T.P.
T.I.
G.L.
Rasel Ma
El Aricha
Teniet el Sassi
Géryville
BERGUENT
Mecheria
MAZUIL
PLATEAUX
Aïn ben Khelil
Aïn Chaïr
AÏN SEFRA
Ich
SAFI
FIGUIG
BERIR
OULAD DJ
Beni Ounir
Fendi
A.I.
T.P
L.C.
MOGADOR
DOUI
Colomb Bechar
Menadsa
MENIA
El Mounger
Taghit
OCÉAN
O. Zousfana
AGADIR
Iglis
Beni Abbès
ARA
Ifni
Kersaz
Z.E.
O. S. oua-D.
Vers le Touai
RIO DE ORO (E)
Ksabi

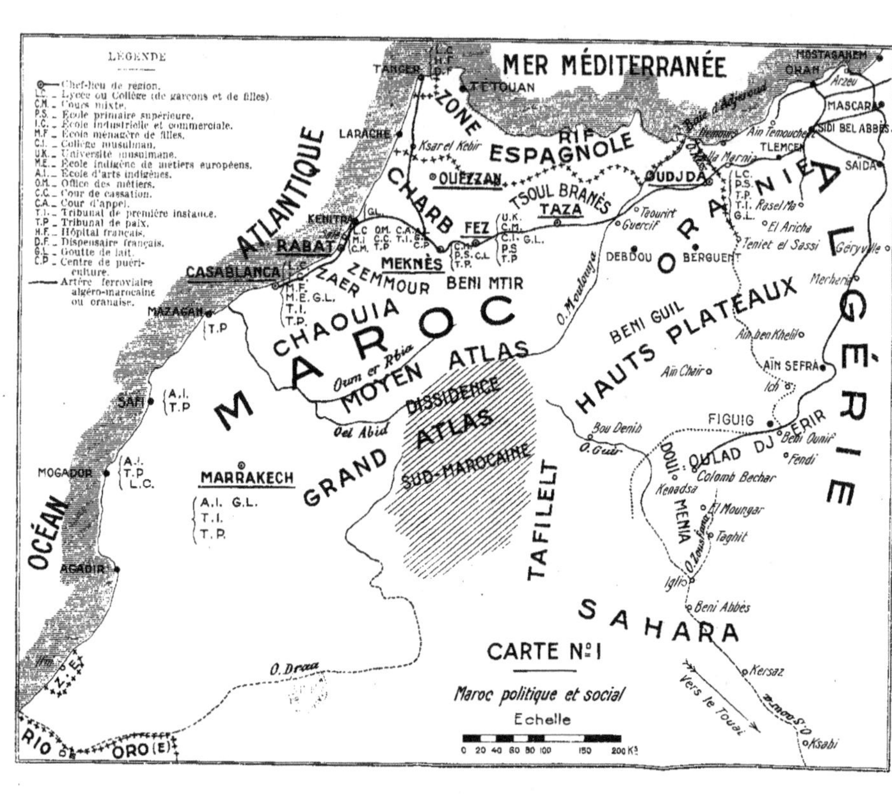

LÉGENDE
Chef-lieu de région.
L.C. — Lycée ou Collège (de garçons et de filles).
C.M. — Cours mixte.
P.S. — École primaire supérieure.
I.C. — École industrielle et commerciale.
M.F. — École ménagère de filles.
C.I. — Collège musulman.
U.K. — Université musulmane.
M.E. — École indigène de métiers européens.
A.I. — École d'arts indigènes.
O.M. — Office des métiers.
C.C. — Cour de cassation.
C.A. — Cour d'appel.
T.I. — Tribunal de première instance.
T.P. — Tribunal de paix.
H.F. — Hôpital français.
D.F. — Dispensaire français.
G.L. — Goutte de lait.
C.P. — Centre de puériculture.
Artère ferroviaire algéro-marocaine ou oranaise.

MER MÉDITERRANÉE
MOSTAGANEM
ORAN
Arzeu
TANGER
TÉTOUAN
MASCARA
ZONE ESPAGNOLE
RIF
LARACHE
Ksar el Kebir
Baie d'Alhucemas
Nemours
SIDI BEL ABBÈS
QUEZZAN
Zella Mernia
TLEMCEN
SAIDA
CHARB
TSOUL BRANÈS
OUDJDA
ATLANTIQUE
TAZA
Teourit
L.C.
P.S.
T.P.
FEZ
U.K.
C.M.
Rasel Ma
T.I.
G.L.
KENITRA
Guercif
C.I. G.L.
El Aricha
RABAT
MEKNÈS
P.S. C.L.
Teniet el Sassi
Géryville
CASABLANCA
T.P.
DEBDOU
BERGUENT
ZEMMOUR
BENI MTIR
O. Moulouya
Mercheria
MAZAGAN
ZAER
M.F.
M.E. G.L.
CHAOUIA
BENI GUIL
Aïn ben Khelil
T.I.
T.P.
MAROC
HAUTS PLATEAUX
Oum er Rbia
MOYEN ATLAS
Aïn Sefra
SAFI
A.I.
T.P.
Aïn Chair
Ich
DISSIDENCE
Oel Abid
ATLAS
FIGUIG
MOGADOR
A.I.
T.P.
L.C.
GRAND
SUD-MAROCAINE
Bou Denib
GERIR
MARRAKECH
O. Guir
OULAD DJ
Beni Ounir
A.I. G.L.
Colomb Bechar
Fendi
T.I.
Kenadsa
T.P.
MENIA
Al Moungar
DOUI
Taghit
AGADIR
TAFILELT
Iglio
Beni Abbès
OCÉAN
SAHARA
IFNI
CARTE N° 1
Maroc politique et social
Échelle
Kersaz
O. Draa
Vers le Touat
RIO DE ORO (E)
0 20 40 60 80 100   150   200 Ks
Ksabi
ORANIE
ALGÉRIE

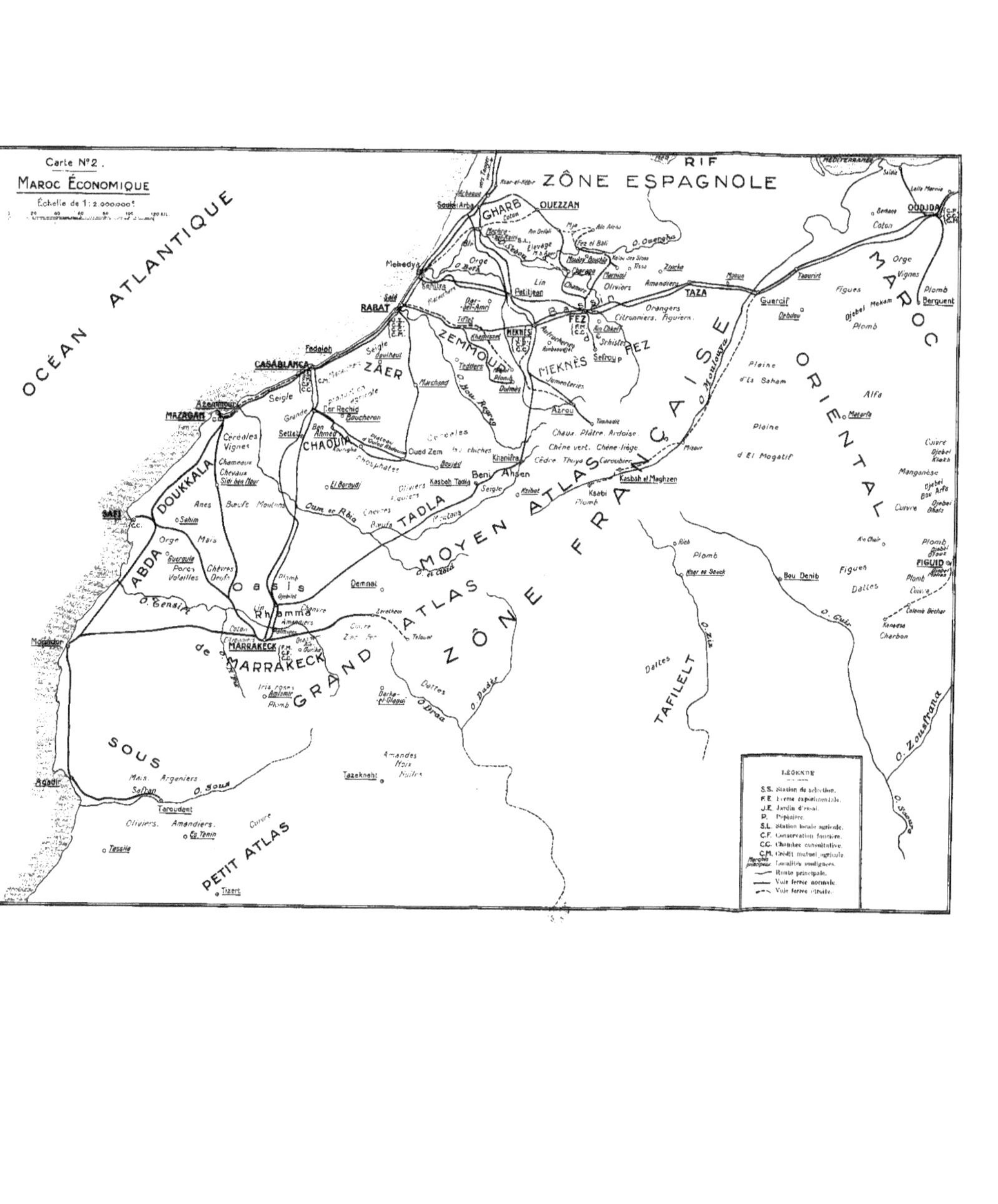

Carte N° 2.
Maroc Économique
Échelle de 1:2.000.000°
OCÉAN ATLANTIQUE
ZÔNE ESPAGNOLE
RIF
MÉDITERRANÉE
ZÔNE FRANÇAISE
MAROC ORIENTAL
OUDJDA
GHARB
OUEZZAN
TAZA
Guercif
RABAT
Mehedya
Salé
Fedalah
CASABLANCA
ZAER
ZEMMOUR
MEKNÈS
FEZ
Sefrou
Azrou
MAZAGAN
CHAOUIA
Settat
Oued Zem
Khenifra
SAFI
DOUKKALA
TADLA
Beni Ahsen
Kasbah el Maghzen
ABDA
MOYEN ATLAS
Oasis
Demnat
Rhamna
GRAND ATLAS
de
MARRAKECK
MARRAKECK
Mogador
SOUS
Agadir
Taroudent
PETIT ATLAS
Tizert
TAFILELT
Bou Denib
FIGUIG
O. Zousfana
O. Saoura
LÉGENDE
S.S. Station de sélection.
F.E. Ferme expérimentale.
J.E. Jardin d'essai.
P. Pépinière.
S.L. Station locale agricole.
C.F. Conservation foncière.
C.C. Chambre consultative.
C.M. Crédit mutuel agricole.
Marchés principaux Localités soulignées.
Route principale.
Voie ferrée normale.
Voie ferrée étroite.

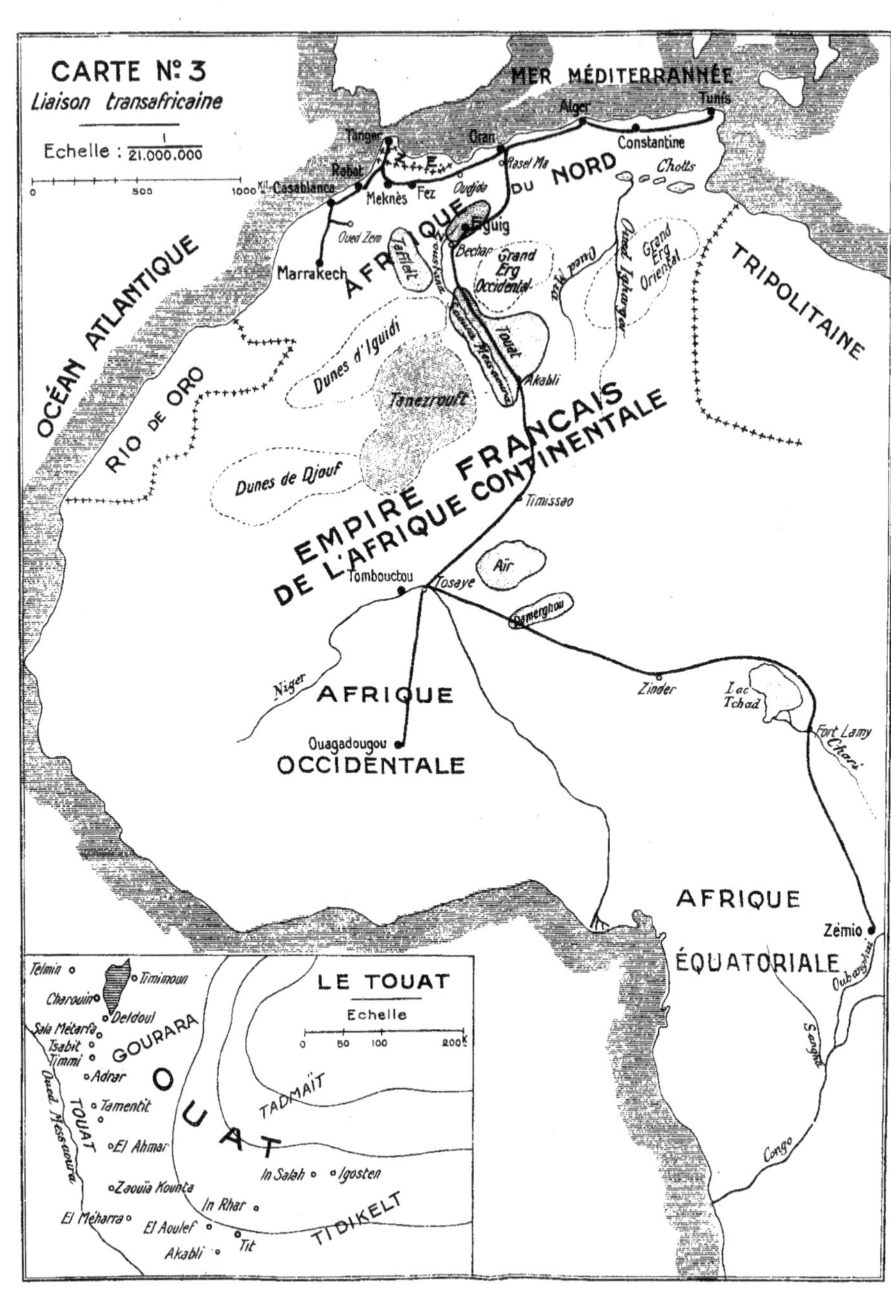

CARTE N° 3
Liaison transafricaine
Echelle : 1 / 21.000.000
0   500   1000 Kil.
MER MÉDITERRANNÉE
OCÉAN ATLANTIQUE
RIO DE ORO
AFRIQUE DU NORD
TRIPOLITAINE
Tanger
Rabat
Casablanca
Meknès
Fez
Oued Zem
Marrakech
Tafilelt
Oujda
Figuig
Bechar
Ras el Ma
Alger
Oran
Constantine
Tunis
Chotts
Grand Erg Occidental
Grand Erg Oriental
Oued Igharghar
Oued M'ya
Touat
Akabli
Dunes d'Iguidi
Tanezrouft
Dunes de Djouf
EMPIRE FRANCAIS
DE L'AFRIQUE CONTINENTALE
Timissao
Aïr
Tombouctou
Tosaye
Gamerghou
Niger
AFRIQUE
OCCIDENTALE
Ouagadougou
Zinder
Lac Tchad
Fort Lamy
Chari
AFRIQUE
ÉQUATORIALE
Zémio
Oubangui
Sangha
Congo
LE TOUAT
Echelle
0   50   100   200 K
Telmin
Charouin
Timimoun
Deldoul
Sala Metarfa
GOURARA
Tsabit
Timmi
Adrar
TOUAT
Tamentit
Oued Messaoura
El Ahmar
OUAT
Zaouïa Kounta
El Méharra
El Aoulef
Akabli
Tit
In Rhar
TADMAÏT
In Salah
Igosten
TIDIKELT

En faisant la conquête du Touat, nous avons amorcé la liaison entre la France et son Empire de l'Afrique continentale : Afrique du Nord; Afrique occidentale; Afrique équatoriale.

C'est par le Touat que partant d'Oran le chemin de fer transsaharien doit passer pour aboutir : à Tosaye sur la boucle du Niger; puis, par Zinder, à Fort Lamy sur le Tchad.

De là : deux prolongements pourront le parachever et en faire notre grand transafricain. D'une part : de Tosaye à Ouagadougou, jusqu'au cœur de l'Afrique occidentale. D'autre part : de Fort Lamy à Zémio, jusqu'au cœur de l'Afrique équatoriale (1).

Le tracé ferroviaire des confins algéro-marocains, avec Oran comme tête de ligne, puis par Ras el Ma, Figuig, Bechar, Touat, Akabli, Timissao, Tosaye est celui qui s'impose.

Il s'écarte : des deux hinterland dangereux, celui du Rio de Oro espagnol et celui de la Tripolitaine italienne.

Il évite : la dune large ou à relief élevé du grand Erg; la dune mobile de l'Igharghar; le Tanezrouft, voisin des sables d'Iguidi et de Djouf.

Enfin : il parcourt le bassin de Figuig; puis, par la vallée de la Zousfana, de la Saoura, de la Messaoura, il gagne et traverse de bout en bout les oasis les plus peuplées et les plus riches de tout le Sahara, Gourara, Touat proprement dit, Tidikelt.

Dans de telles conditions, le tracé des confins réalise : la *distance économique* la plus grande; la *distance désertique* minima; sans aucune *distance morte* (2).

---

(1) Voir Carte n° 3.

(2) Voir *La Pénétration française au Sahara. Un transsaharien ?* du même auteur. — Berger-Levrault. Paris, Nancy-Strasbourg, 1928 (page 25).

Le jour où ce Transsaharien-là sera réalisé : la Paix française règnera sur tout le désert.

Les confins algéro-marocains seront à même de déverser sur tout point de l'Afrique du Nord menacé dans sa défense ou son ravitaillement : effectifs ou ressources, tirés de l'Afrique occidentale et de l'Afrique équatoriale.

Ce jour-là : l'œuvre de la France au Maroc se trouvera définitivement consolidée.

Consécration suprême : du labeur accompli et du sang versé !

———

IMPRIMERIE BERGER-LEVRAULT, NANCY-PARIS-STRASBOURG — 1929

ERRATA

Page 2.3 : 6e avant dernière ligne, *lire* s'établit *et non* se réalise.

Page 35 : 8e ligne, *lire* fonctionnaires.

Page 102 : 13e ligne, *lire* judiciaires *au lieu de* juridiques.